QuizKnockの博識クイズ デラックス

QuizKnock 著

JN050008

宝島社

激論！
現代社会を生き抜くための教養とは？

その大切さがしばしば語られる「教養」。
だが、そもそも教養とはなんだろう？
3人がそれぞれの教養観を語り合う！

▍「教養」って何だろう?

── そもそも、「教養」とは何でしょうか?

ふくらP (以下ふくら): 知識を得るための能力の基礎……ですかね。新しいことを学ぶためにも基礎知識みたいなものが必要じゃないですか。たとえば、「ヨーロッパ」っていう言葉の意味を知らないと、海外旅行のプランを立てる調べ物もできないし、今の様々なニュースも理解できないですよね。この場合の「ヨーロッパとは何か」という知識が教養だと思うな。

伊沢拓司 (以下伊沢): 僕は、今のふくらさんの定義に近いかもしれないけど、「物事の判断基準」が教養だと思っています。物事を学ぶ時の、一種のバランス感覚かな?

ふくら: うんうん。

伊沢: 重要なのは、必ずしもすぐに役立つ専門知

“教養がないと、新しいことを学ぶ効率が落ちてしまう!”

識ではないというところ。そうじゃなくて、世界を見るときの「解像度」を上げてくれるものが教養なんだと思う。眼鏡とかコンタクトレンズに近いかもしれない。

山本祥彰（以下山本）：じゃあ、僕はもっとシンプルに。教養っていうのは、生きる上でベースになる基礎体力みたいなものだと思うな。何をするにしても、教養は役に立ってくれると思うんです。スポーツに例えると、持久力とか体幹の強さ。

伊沢：わかりやすいね。

教養が求められる時代になった

山本：今は教養が重要な時代だと思うんです。というのも、スマホやＰＣの普及によってアクセスできる情報の量が飛躍的に増えたじゃないですか。さっきの僕が言った例えだと、スポーツをやらないといけない場面が増えちゃった。だからこそ、基礎体力である教養が大切になっている。ＷＥＢ記事一本読むのにも、それなりの教養がいるからね。

ふくら：教養がないと、新しいことを学ぶ効率が落ちるよね。

伊沢：うん、本来は見えなかった地球の裏側のニュースまでがリアルタイムで飛び込んでくる時代だから、教養への需要はすごく増してると思う。

山本：世界情勢のニュースひとつとっても、理解するためには本当に教養が必要だよね。特に僕は歴史が苦手だから、深くまで理解できていないんだろうなと実感することも多いんだよね……。

──実際に、「教養が身につく」ことを売りにした本や講座も多いですね。

伊沢：そこも少し怖いですね。今の世の中は本当に深い教養を持っている人も多いから、「教養っぽいもの」を得意げに振り回していると、そういう人に指摘されて恥をかくことだってあるはず。その

〝「物事の判断基準」が教養かな。〟

激論！
現代社会を生き抜くための教養とは?

"クイズは、教養へのとっかかりとしてはベストかも。"

せいで余計に、「本当の教養」なるものへの需要が増してしまっているという現状もあると思うな。「本物」がバチっと決まるものかは別として。

▌クイズは教養を身につけるのにぴったり

伊沢: 実は、その意味ではクイズって教養と相性がいいんですよ。難しいものを安易に簡単にしてしまうと問題が起こるけれど、クイズなら、難しいものを難しいまま読者に見せられますよね。難しくないとクイズにならないから。

ふくら: あ、なるほど。

伊沢: 本来の教養は、学んですぐに身につくものではなくて、どっしりと構えて、ゆっくりと世界の解像度を上げていくためのもの。だからクイズだけで、あるいはこの本を1冊読んだだけで教養が身につくとは言えないけれど、教養を身につけるためのとても重要な第一歩にはなり得るんですよ。

ふくら: うん。ただ僕は、必ずしも「教養＝難しいもの」ではないとも思う。教養はいろんなことを知るためのベースで、多くの人にとって役立つものだから、クイズにすると意外と難易度は低かったりします。僕は、教養は中学や高校で教えてくれた勉強に詰まっていたと思うから、あのくらいの難易度の問題をしっかり解けるのが大事だと思うな。その意味では、常識と教養は近いかもしれないね。

伊沢: たしかに。すごく基礎的な知識でも、知識がゼロなのと1なのとでは、大きな違いがあるからね。しかもこの本だと、そういう基礎、少しずつ、いろんなジャンルについて吸収できる。一口だけの試食コーナーがいっぱいあるデパ地下みたいな感じ（笑）？

山本: クイズは教養へのとっかかりとしてはベストかもしれない。自分がまったく知らない分野の

情報にアクセスするのは抵抗があるけど、クイズという形で「さあ、解けるかな?」と出されると、ついチャレンジしちゃうから。

解けそうな問題からチャレンジ!

伊沢:この本の難易度は高いけれど、あまり構えずに、解ける問題から解いていってほしいな。まったくわからない問題は、その読者にとっては現段階ではまだ興味がなかったりして優先度の低い情報ってこともある。でも、後でまた読み返してもらえると、以前は解けなかった問題が解けるようになっているかもしれない。そうやって教養へのステップを登っていってほしいですね。

山本:「自分にはこの分野の問題はわからない」ということに気付くだけでも、大事な一歩だよね。だからこの本は、自分の教養のレベルやバランスを知るためにも使えると思う。

"必ずしも
「教養=難しいもの」ではないよ。"

ふくら：普通、教養には即効性はないけれど、この本にはトリビアっぽいクイズも多いから、そういうクイズの答えを知ると日常会話が豊かになるよね。言葉に関するクイズもそう。だから、実はすぐに役立つ側面もあるはず。

教養への扉を叩いてほしい

──読者には、この本をどのように読んでほしいですか？

伊沢：僕としては、この本が、みんなが教養への扉を叩くきっかけになればうれしいな。地理や歴史の問題を解けば、今の世界のニュースを見る解像度が上がるはず。公民や社会のクイズは、社会で賢く生きるための助けになります。科学や芸術は、「どうして自分は生きているんだろう」みたいな深い問題や、他者理解につながる。いろいろな「なりたい自分」につながるはず。

"この本はかなり難しいけど、ぜひチャレンジして！"

ふくら:この本のクイズがすべて教養に直結するとは言えないけれど、科学のクイズを解くと疑似科学に騙されにくくなるとか、歴史を知ると今起こっていることの原因がわかるとか、ともかく、知識は様々な場面で役立つよね。

山本:僕は公民や社会に弱いんだけど(笑)、そもそも自分が苦手な分野の存在に気付いていない人も多そう。そういう人は、自分をチェックするテストとしても使えるよね。

伊沢:今回はかなり難しい本になったけど、ぜひチャレンジしてほしい。解ければもちろんいいし、解けなくても、解説を読んでくれれば学びになるはず。あと、問題がジャンル・難易度別に分けられているから、ご自分の知識吸収の傾向や苦手・得意分野も見えてくると思います。

山本:いろいろな場面で、いろいろな楽しみ方ができるのが教養。本書を味わい尽くしてくださいね。

激論！
現代社会を生き抜くための教養とは？

QuizKnockの博識クイズデラックス

CONTENTS

伊沢拓司

クイズ王はインプットをためらわない

Takushi Izawa

プロフィール

東京大学経済学部卒業。2016年に「楽しいから始まる学び」をコンセプトに立ち上げたWebメディアQuizKnockで編集長を務め、現在は主にYouTube動画に出演。『東大王』『アイ・アム・冒険少年』をはじめとする番組にレギュラー出演するほか、全国の学校を無償で訪問するプロジェクト「QKGO」を行うなど、幅広く活動中。

「教養は、『結果的に』役立つものです」

——**教養は、どのように身につければいいのでしょうか。**

伊沢拓司（以下伊沢）：まず、教養は一朝一夕で身につくものではないんです。時間がかかります。この本みたいにクイズという形にまとまっていても、1・2冊読んで「教養が手に入りました」ということにはならないでしょう。そもそも僕自身、自分のことを教養人だとは思っていません。

——**時間をかけて教養を身に着けると、どう役立ちますか？**

伊沢：「役立てよう」と思って読むとモチベが続かないかもですね。役に立てようと焦ると、急がば回れというか、役に立つ深さで身につかないかもしれない。

——**では、役には立たない？**

伊沢：いえいえ、そんなことはないですよ。教養は、広い分野の物事の判断基準になりますから、いろんな場面で助けてくれるはずです。とはいえそれで完了、ではないし、役に立たないことのほうが多い。だから、主目的は役立てることより知を楽しむことや知の収集それ自体に置いたほうが気が楽だと思います。

——**伊沢さんは、どのように教養を吸収していますか？**

伊沢：インプットをためらわないように心がけてはいますが、難しいですよね。僕もすべての分野に興味を持てるわけじゃないですから、どうしても面白がれない分野もあります。

——**そんなときはどうしますか？**

伊沢：その分野を心から楽しんでいる人を探して、よーく観察するんです。するとその分野の面白さが見つかるんですよ。たとえば僕は将棋を打つことへの興味は薄くて、戦術を勉強するモチベはそんなにない。でも将棋を楽しんでいる人たちを見ていたら、面白がり方はなんとなくわかってくるんです。やっぱり面白くないと吸収もできないので、自分に向いた面白さを見つける工夫が大事だと思いますよ。

　そしてクイズも、その手助けはできると思います。クイズをきっかけに、興味がなかった分野に興味を持ってもらえたらうれしいですね。

情報科学をベースとする俊英

ふくらP

Fukura P

👤 プロフィール

東京工業大学在学中から『頭脳王』などの番組でクイズ作家として活動。2016年よりWebライターとしてQuiz Knockに参加、翌年YouTubeチャンネルの開設を提案し動画プロデューサーとなる。現在は動画の企画や出演を担当。謎解き能力検定では満点を獲得するほどの謎解きフリーク。

「教養は、学校の勉強に詰まっています」

——ふくらPさんは、どのように教養を吸収していますか？

ふくらP：教養って、僕らが学校で教わってきたことに非常に近いと思うんです。学校は教養を身に着ける場でもあるんです。だから僕は、高校で習う内容だけど僕が履修しなかった科目についての動画を見ることがありますね。

——高校レベルの内容でも教養なんですか？

ふくらP：誤解されがちなんですが、教養って別に難しいことに限らないですよ。クイズの世界の中では、教養問題は難易度が低めのクイズだといえます。というのも、教養は突っ込んだ専門的な知識とは違い、様々な分野に当てはまる基礎知識だから。

　たとえば、ヨーロッパの特産品や旅行スポットについて調べていても、オリンピックの歴史について調べていても、「第一次世界大戦」という要素は必ず影響してくると思うんです。でも第一次世界大戦については学校でしっかり習いますから、難易度は高くない。それが教養だと思うんです。

—— そんな教養は、どのように役立ちますか？

ふくらP：それは難しいですね……。教養って、必ずしも即効性や実用性があるものではないですから。ただ、「結局、教養を身につけておいてよかったな」と感じる場面には、あちこちで出くわすと思いますよ。

——本書のクイズには、どのように向かい合えばいいでしょうか？

ふくらP：この本に収められたクイズが、すべて教養問題というわけではありません。すごく難しい問題やトリビア的なものも入っています。ただ、どの程度教養があるかのチェックには使えますよね。

——チェック？

ふくらP：分野別になっていますから、まさに学校のテストみたいに、どの分野に強くて、どこに弱いのかがわかります。でも、クイズだから、学校のテストよりは楽しめるはず！　気軽にチャレンジしてみてください。

読書を重視する漢字王

山本祥彰

Yoshiaki Yamamoto

プロフィール

早稲田大学先進理工学部卒業。2017年よりWebライターとしてQuizKnockに参加し、現在はYouTube動画に出演するほか、謎解きの制作・監修を担当している。中学2年生で漢検準1級を取得するなど漢字が得意で、2022年3月には漢検1級を取得した。特技はクイズ・謎解きで、謎解き能力検定では満点を獲得したこともある。

「自分が何を知らないのかを知る。それも教養です」

――山本さんは、何から教養をインプットしていますか？

山本祥彰（以下山本）：本を「買う」ことを重視しています。もちろん「読む」ことが大事なんですが、「買う」ことも大事だということですね。面白そうな本を見つけたら、とりあえず買ってしまって、積んでおく。すぐに読むとは限らないんですが、いつでもアクセスできる状態にしておくのが僕に合ったやり方です。

あとは、重要そうな知識と出会ったら、覚えるためにメモを取るようにしています。僕のPCには「覚えること」のフォルダがあるんですよ。

――**この本も、そういう方に読んでほしいですね。**

山本：クイズは普通の本とはちょっと違うと思うんです。普通の本は「読む」ことがメインになるけれど、クイズは「考える」もの。そこが大きな違いであり、クイズの強みでもありますよね。知らない分野についての本を読むのはハードルが高いですが、クイズであれば「とりあえず考えてみよう」と思えますから。

――ただ、**今回の本に収録されたクイズの難易度は高いですよね……。**

山本：わからなければ、わからないでいいと思いますよ。全部のクイズに正解

するのは無理かもしれません。ただ、「自分が何を知らないか」を知ることができるのは大事です。

――**自分の教養レベルのチェックですね。**

山本：それって結構難しいと思うんです。自分では社会関係の教養が豊富だと思っていても、実際は違うかもしれない。そういうズレを確かめるチャンスって意外と少ないですから、その意味でもこの本のクイズにチャレンジする価値は大きいですよ。

教養って、すぐに役立つ知識とはちょっと違って、いわば「知識を得るために必要な知識」なんですよね。だから、自分が苦手なジャンルを知っておくと、弱みを克服することにもつながると思います。

Part1

歴史・地理

今の世界を理解するためには
欠かせない！

優れた頭脳と行動力から
「コンピュータ付きブルドーザー」と
呼ばれた、日本の元総理大臣は？

❶ 田中角栄
❷ 佐藤栄作
❸ 中曽根康弘

慶應義塾大学のもとになった
私塾を開いたのは？

❶ 大隈重信
❷ 福沢諭吉
❸ 新島 襄

正解1

❶ 田中角栄

解説

田中角栄は、日本の第64・65代内閣総理大臣です。高等小学校(現在でいう中学)卒業という非エリートの経歴から爆発的な人気を獲得しました。

日中共同声明を発表し、中華人民共和国と国交を結ぶなど多くの功績を挙げた一方、首相退任後の1976年には収賄などの容疑で逮捕されました(ロッキード事件)。

2016年刊行の石原慎太郎の小説『天才』に人生が取り上げられるなど、現代まで注目を浴び続ける人物です。

正解2

❷ 福沢諭吉

解説

福沢諭吉は明治期に活躍した啓蒙思想家です。西洋の文化に触れ、国民各自が独立自尊の精神を持つことの重要性を訴えました。『学問のすゝめ』『西洋事情』などの著書でも知られています。

また福沢は、現在(2023年2月)発行されている1万円札に肖像が描かれていることでもおなじみです。1万円札は2024年から渋沢栄一の肖像画が印刷されたものに改められますが、紙幣刷新後も福沢の描かれた旧紙幣は使用可能です。当分の間は彼の顔を財布の中で拝むことができることでしょう。

問題3

「所得倍増計画」を打ち出し、
高度経済成長を実現した日本の元総理大臣は？

❶ 田中角栄
❷ 佐藤栄作
❸ 池田勇人

問題4

四大文明のひとつ
「メソポタミア文明」はどの地域で生まれた？

❶ ギリシャ近辺
❷ イラク近辺
❸ インド近辺

学校の歴史の
授業で習った
かな？

正解3

❸ 池田勇人

解説

池田勇人は1960年から4年間にわたり、3度首相を務めた政治家。1964年の東京五輪を成功に導いた人物でもあります。

「寛容と忍耐」を掲げ野党との融和を図ったほか、10年で国民の所得を2倍に伸ばす「所得倍増計画」を実施し、大幅な経済発展を促しました。

池田の後を受けたのが、沖縄返還などを実現しノーベル平和賞も受賞した佐藤栄作。さらにその次の首相が田中角栄です。

正解4

❷ イラク近辺

解説

メソポタミア文明は、紀元前6000年頃にチグリス川・ユーフラテス川近辺の地帯で興りました。これは、現在の世界地図で見てみるとイラク近辺となります。

この地は、北部の山岳地帯と南部の砂漠地帯に囲まれながらも、2本の川のおかげで肥沃な土地が広がっていたため、灌漑(かんがい)農業を中心に農耕社会が発達しました。

1925年に日本で普通選挙制が導入された際、
選挙権を持つようになったのはどのような人々?

① 高額納税者
② 満18歳以上のすべての男女
③ 満25歳以上のすべての男子

いわゆる「三大ピラミッド」があることで有名な、
エジプト北部の都市は?

① ギザ
② カイロ
③ アレクサンドリア

❸ 満25歳以上のすべての男子

解説

日本で初めて行われた選挙は1890年の衆議院選挙で、選挙権は15円(現在の60万～70万円)以上の直接国税を納めている満25歳以上の男子(全人口の1%程度)のみに与えられていました。

その後、一部の人にしか選挙権が与えられない制度に批判が集まり、1925年に満25歳以上のすべての男子に選挙権が与えられました。

なお、選挙権が満20歳以上の男女に与えられたのは1945年のことであり、2016年には年齢が満18歳以上に引き下げられました。

❶ ギザ

解説

エジプトの都市であるギザには、クフ王・カフラー王・メンカウラー王の三大ピラミッドが位置しています。最も大きいクフ王のピラミッドには、平均2.5トンの巨大な石が約230万個使われており、建造時には約150mの高さがあったとされます。

ギザ周辺の地域一帯は1979年に「メンフィスのピラミッド地帯」として世界文化遺産に登録されました。

時代劇『暴れん坊将軍』で、
主人公となっている将軍は？

❶ 徳川家光
❷ 徳川吉宗
❸ 徳川綱吉

1937年に爆発・炎上した「ヒンデンブルク号」は、
どのような乗り物だった？

❶ 飛行船
❷ ヘリコプター
❸ 飛行機

正解7

❷ 徳川吉宗

解説

『暴れん坊将軍』は、江戸幕府第8代将軍・徳川吉宗が旗本の息子に扮して悪を成敗する時代劇シリーズです。1978年の放送開始から25年間にわたって、松平健が主演を務めました。

なお、実際の徳川吉宗は米の価格の調整に努めたため「米将軍」とあだ名されました。裁判の基準をまとめた「公事方御定書」の編纂や、倹約の励行、年貢の見直しなどからなる「享保の改革」を行い、破綻寸前の幕府を立て直しました。

正解8

❶ 飛行船

解説

1937年、大型飛行船のヒンデンブルク号は大西洋を横断した後、アメリカのレークハースト空港に着陸する際に大炎上しました。当時は浮遊するためのガスとして可燃性の水素を使っており、一説には静電気による火花が飛んだことで爆発したといわれています。飛行船は20世紀前半には航空輸送旅客機として実用化されていましたが、この墜落事故をきっかけに大型飛行船は使われなくなりました。現代では、特異な形やゆったりとした動きを利用した広告媒体や観光遊覧船としての利用が一般的となっています。なお、浮力を得るためのガスは不燃性のヘリウムを使っているため、安全性も大きく改善されています。

『枕草子』や『源氏物語』が
成立したのは何時代？

❶ 鎌倉時代
❷ 奈良時代
❸ 平安時代

 歴史・地理　　問題10　　

日露戦争の
講和条約は？

まだまだ初級。
余裕でしょ？

❶ ポーツマス条約
❷ 下関条約

正解9

❸ 平安時代

解説

清少納言の随筆『枕草子』や紫式部の長編物語『源氏物語』が成立したのは平安時代中期です。この時期には他にも『土佐日記』や『伊勢物語』といった様々な文学作品が成立しました。

平安時代に平仮名が普及したことにより、和歌や物語、日記、随筆といった国文学の執筆が盛んになりました。

正解10

❶ ポーツマス条約

解説

満州・朝鮮の支配権をめぐり、1904年に日本とロシアの間で勃発した日露戦争。その講和条約が、1905年にアメリカ・ポーツマスで締結されたポーツマス条約です。この条約では、ロシアが韓国における日本の優越権を承認することや、北緯50度以南の南樺太を日本へ譲渡することなどが盛り込まれました。

選択肢の下関条約は、日露戦争の10年前に勃発した日清戦争の講和条約です。

「世界最古の木造建築物」といわれる建物が残る、
奈良県のお寺は？

❶ 法隆寺
❷ 東大寺
❸ 薬師寺

「会議は踊る、されど進まず」と評された、
ナポレオン戦争後に開かれた国際会議は？

❶ ウィーン会議
❷ パリ講和会議
❸ ワシントン会議

❶ 法隆寺

解説

法隆寺は、607年に聖徳太子により創建されたといわれています。西院と東院に分かれており、西院には世界最古の木造建築といわれる金堂や五重塔があります。670年に一度焼失し、間もなく再建されたとも伝えられていますが、それでも世界最古の木造建築であるとされています。

法隆寺は「法隆寺地域の仏教建造物」として1993年に、姫路城とともに日本で最初の世界文化遺産に登録されました。

❶ ウィーン会議

解説

ウィーン会議は、フランス革命とナポレオン戦争の後、ヨーロッパにおける国際秩序を復活させることを目指し、オーストリアのメッテルニヒが主宰した会議です。この結果、革命以前の状態に戻る正統主義と、大国同士の勢力均衡という二大原則の実現を目指したウィーン体制が成立しました。

オーストリア宮廷では並行して舞踏会が行われていた一方で、各国の利害関係の対立によって議論が進まなかったことから、「会議は踊る、されど進まず」と風刺されました。

著書『君主論』で現実主義的な政治思想を展開した、
イタリアの政治思想家は誰？

❶ カスティリオーネ
❷ マキャベリ
❸ ボカッチオ

世界一狭い海峡。両岸の距離は、
最も狭いところでどのくらい？

❶ 10m
❷ 100m
❸ 1000m

正解13

❷ マキャベリ

解説

マキャベリは『君主論』で、宗教や道徳を切り離した権謀術数（けんぼうじゅっすう）の政治を説きました。その非道徳的な思想には批判も多いですが、近代政治学が発展するきっかけとなった人物ともいえます。

正解14

❶ 10m

解説

世界一狭い海峡は、実は日本にあります。香川県にある土渕（どふち）海峡です。小豆島本島と前島の間を2.5kmにわたって流れており、その幅は最も狭いところで9.93mしかありません。穏やかな水面の上に橋が架かる様子は、一見すると川と勘違いしてしまうほどです。

問題15

2010年末の「ジャスミン革命」から始まった、
一連の民主化運動を何という？

① アジアの春
② アラブの春
③ アフリカの春

問題16

「五山送り火」や「精霊流し」といえば、
どの時期に行われる日本の行事？

① 新年
② お盆

問題15の
正解は、メディアでも
しばしば取り上げ
られたよね

❷ アラブの春

解説

「アラブの春」は、2010年末にチュニジアで始まったジャスミン革命を発端として中東・北アフリカ地域に伝播した民主化運動です。「アラブの春」では、FacebookやTwitterといったSNSの浸透が大衆の動員につながり、かつてないスピードで民主化運動が拡大しました。 その結果、チュニジアのほか、エジプトやリビアなどで政権が交代し、長期独裁体制が崩壊しています。

❷ お盆

解説

五山送り火も精霊流しも、お盆の時期にあの世から戻ってきた霊を送り返す行事です。

五山送り火は京都市内の山々に火を灯す行事で、午後8時ごろに東山に「大」文字が灯されてから、それぞれの山に「妙・法」「船形」左「大」文字「鳥居」の文字・図形が浮かび上がります。

精霊流しは、毎年8月15日または16日に行われる行事で、佐賀県や長崎県で行われるものが有名です。お供え物をわらや木で作った舟に乗せて川などに流し、先祖の霊を送ります。

四大公害病のうち、
熊本県で発生した病気は？

❶ 四日市ぜんそく
❷ イタイイタイ病
❸ 水俣病

明治時代、日本で初めて
路面電車が走った街は？

❶ 横浜
❷ 京都
❸ 広島

❸ 水俣病

解説

水俣病は、中枢神経などの神経系に障がいを受ける中毒性の病気です。その原因物質はメチル水銀で、工場廃水に混じったメチル水銀が水俣湾の魚介を汚染し、地域の人々がそれを食べたことで発生しました。

2021年には、俳優のジョニー・デップが、水俣病を取材した実在のフォトジャーナリストを主人公とする映画『MINAMATA』を製作しました。

❷ 京都

解説

日本初の路面電車は、1895年に京都で走りました。開業当初は民営でしたが、1918年からは京都市の運営になり、「市電」と呼ばれるようになりました。開業当初は約6kmの路線が1本あるのみでしたが、時代とともに路線網が拡大し、1960年ごろには総延長が70kmを超えるまでになりました。しかし、自家用車の普及などで利用者が減少し、1978年に京都市電は営業を終えました。

現在、京都市内を走る路面電車は、京福(けいふく)電鉄嵐山線の一部区間のみとなっています。

13世紀前半から1480年にかけて、
ロシア諸国がキプチャク・ハン国に
間接的に支配された時代のことを何という?

❶ タタールのくびき
❷ タタールのくさび
❸ タタールのいかり

「弥生時代」の由来となった地名
「弥生」がある都道府県は?

❶ 東京都
❷ 愛知県
❸ 福岡県

正解19

❶ タタールのくびき

解説

タタールのくびきとは、13世紀前半にキプチャク・ハン国がロシアに侵攻してから1480年に撃退されるまでの約250年にわたり、ロシアがモンゴル人による支配を受けていた時代を指す言葉です。

なお、くびきとは車を引かせるために牛や馬の首に当てられる木のことで、転じて自由を束縛するもののたとえとして使われます。

正解20

❶ 東京都

解説

僕の母校にも
貝塚があったんだ

弥生時代や弥生土器の由来となったのは、東京都文京区にある弥生という地名です。1884年に、弥生にある貝塚から素焼きの土器が出土し、後にこのタイプの土器が弥生土器と名付けられました。文京区弥生には東京大学のキャンパスがあり、キャンパス内からも弥生土器が出土しています。

戦前に1度だけ、広島が日本の臨時首都としての
機能を果たしたことがあります。その理由は？

① 関東大震災が起こったため
② 日清戦争が勃発したため
③ 東京でスペイン風邪が流行したため

中国でかつて行われていた官吏登用試験「科挙」。
廃止されたのはいつ頃？

① 約100年前
② 約500年前
③ 約1000年前

正解21

❷ 日清戦争が勃発したため

解説

1894年、日清戦争の指揮を執るため、東京から広島に大本営（日本軍の統帥機関）が移されました。これに伴い、統帥権を持っていた明治天皇が戦争指揮のため広島に移り住み、帝国議会（現在の国会）も広島で開催されることとなりました。

広島に首都機能が移転した主な理由には、宇品港という輸送拠点の港があったこと、日本陸軍の第五師団が拠点としていたことが挙げられます。

現在、広島城には大本営跡だったことを示す石碑が建っています。

正解22

❶ 約100年前

解説

科挙は、587年頃〜1905年まで中国で行われていた官吏登用試験（今でいう公務員試験）です。「かなり昔に行われていた試験」というイメージがあるかもしれませんが、100年ほど前まで実施されていました。

かつての中国において、高い地位に就けるかどうかは、ほとんどが科挙の合否にかかっていました。そのため競争は激しく、カンニングペーパーを持ち込んだり、下着に大量の文字を書き込んだりして、不正をしようとする人もいました。

明治憲法下の日本で、
帝国議会を構成していた議院は何と何？

1 衆議院と参議院
2 参議院と貴族院
3 衆議院と貴族院

1886年、和歌山県沖で
イギリスの貨物船が沈没した事件を何という？

1 ノルマントン号事件
2 モリソン号事件
3 エルトゥールル号事件

❸ 衆議院と貴族院

解説

明治政府は、自由民権運動の高まりなどを受けて1890年に帝国議会を設置しました。このときに衆議院と貴族院が設けられました。衆議院は制限選挙で選出された議員で構成され（のちに普通選挙へ移行）、貴族院は、皇族や華族など主に爵位を持つ人々が議員を務めました。戦後、日本国憲法の制定に伴い、帝国議会は現在の国会へと変わりました。

ちなみに、江戸幕府最後の将軍である徳川慶喜の後継者・徳川家達（いえさと）は貴族院議長を務めていたことがあります。

❶ ノルマントン号事件

解説

ノルマントン号事件は、1886年にイギリスの貨物船「ノルマントン号」が和歌山県沖で難破した際に、イギリス人の船員は全員避難したものの、日本人乗客25名は救助されず全員死亡した事件です。

しかし、幕末に結んだ条約で「治外法権」を認めていたため、この事件を日本の法律で裁くことができず、裁判では船長以外無罪となってしまいました。そのため、日本では条約改正を求める声が大きくなりました。

浄土真宗の開祖である
僧侶は？

❶ 法然
❷ 親鸞
❸ 一遍

ドイツが東西に分裂していた時、
ベルリンがあったのは？

❶ 東ドイツの中
❷ 西ドイツの中
❸ 東ドイツと西ドイツの中間地点

正解25

❷ 親鸞

解説

親鸞は、もともと比叡山で修行していましたが、法然に師事した後に浄土真宗を開きました。自らの修行で悟りを得るのではなく阿弥陀仏の力によって救済されるという他力本願や、罪深い悪人こそが救済の対象になるという悪人正機説を唱えました。

また、倉田百三の戯曲『出家とその弟子』では主人公となっており、息子の善鸞（ぜんらん）と弟子の唯円の信仰と恋愛問題を通して、その教えが人道主義的に描かれています。

正解26

❶ 東ドイツの中

解説

ドイツが東西に分断していた際、ベルリンは社会主義を掲げた東ドイツの領土内にありました。首都だったベルリンは、さらに西ベルリン・東ベルリンに分断されていました。

東ドイツ内にあった西ベルリンはいわば陸の孤島状態で、冷戦が激化した際には物流が滞り市民生活に影響が出ました。

有名な「ベルリンの壁」は東ドイツと西ドイツにまたがった位置ではなく、西ベルリンを囲むように築かれていました。

**1893年、世界で初めて
女性の参政権が認められた国は？**

❶ フィンランド
❷ オランダ
❸ ニュージーランド

**歴代アメリカ大統領のうち、
在職中に暗殺されたのは何人？**

❶ 6人
❷ 2人
❸ 4人

❸ ニュージーランド

解説

ニュージーランドは、世界で初めて女性参政権が認められた国です。

1893年に女性参政権法案がニュージーランドで可決されました。それからおよそ1世紀後の1997年、ジェニー・シップリーがニュージーランド初の女性首相に就任。現首相のジャシンダ・アーダーンも女性で、2018年には世界の国の首脳として初めて産休を取得したことで話題となりました。

❸ 4人

解説

在職中に暗殺されたアメリカ大統領は、
第16代 エイブラハム・リンカーン(1865年)
第20代 ジェームズ・ガーフィールド(1881年)
第25代 ウィリアム・マッキンリー(1901年)
第35代 ジョン・F・ケネディ(1963年)の4人です。

このうち、ジョン・F・ケネディを暗殺した犯人はリー・ハーヴェイ・オズワルドとされています。しかし、オズワルドも事件直後に殺害されたため、事件には多くの謎が残され、様々な陰謀論がささやかれています。

1941年に発表された、
第二次世界大戦後の
国際秩序の構想を示した宣言は？

❶ 大西洋憲章
❷ 地中海憲章
❸ 太平洋憲章

金閣寺と銀閣寺。
建てられた時代が早いのはどちら？

小説にも
なっているね

❶ 銀閣寺
❷ 金閣寺

正解29

❶ 大西洋憲章

解説

大西洋憲章は、1941年8月にアメリカのフランクリン・ルーズベルト大統領とイギリスのウィンストン・チャーチル首相が発表した共同宣言です。会談が大西洋上で行われたことから、このように呼ばれています。

領土不拡大、安全保障、経済協力、民族自決など第二次世界大戦後の基本方針を示し、国際連合憲章の基礎にもなりました。

正解30

❷ 金閣寺

解説

金閣寺こと鹿苑寺は、1397年に室町幕府3代将軍の足利義満が建設した別荘が、義満の死後に寺院となったものです。
貴族の文化、武士の文化、中国の文化が融合した北山文化の代表例です。ただし、何度か焼失しているので、当時の姿そのままが残っているわけではありません。

銀閣寺こと慈照寺は、金閣寺と同じように、1480年代に室町幕府8代将軍の足利義政が建設した別荘が、義政の死後に寺院となったものです。この時代の文化は東山文化と呼ばれ、「わび」「さび」が特徴です。

「オルレアンの乙女」こと
ジャンヌ・ダルクが活躍したのは「何年戦争」？

❶ 三十年戦争
❷ 七年戦争
❸ 百年戦争

ナチスから逃れてきた約6000人のユダヤ人に対し
「命のビザ」を発行した、戦前の外交官は？

❶ 幣原喜重郎
❷ 杉原千畝
❸ 陸奥宗光

正解31

❸ 百年戦争

解説

正解は「百年戦争」です。

1337年にフランスの王位継承問題にイギリスが介入し勃発した戦争です。かなりの劣勢だったフランスですが、神の声が聞けるという少女ジャンヌ・ダルクが現れてからフランスの逆襲が始まり、彼女は処刑されるものの、1453年にフランスの勝利で戦争は終わりました。

選択肢の「七年戦争」「三十年戦争」も実際にあった戦争の名前です。

正解32

❷ 杉原千畝

解説

リトアニアで領事代理をしていた杉原千畝（すぎはら・ちうね）は第二次世界大戦中、ナチス・ドイツの迫害を受けて逃れてきたユダヤ人に日本通過のビザを発給し、脱出を手助けしました。

ナチス・ドイツとの同盟関係への配慮から外務省の指示はビザの発給を認めないものでしたが、杉原千畝はそれを無視して発給を行いました。

その後、彼はこの功績を称えられてイスラエル政府から「諸国民の中の正義の人賞」を授与されています。

国学者・本居宣長が著した
『古事記』の注釈書は？

❶『続古事記』
❷『古事記書』
❸『古事記伝』

国土地理院が作成した地図上で、
「砂漠」と書かれている場所がある唯一の都道府県は？

❶ 鳥取県
❷ 東京都
❸ 沖縄県

簡単なよう
だけれど、上級編だ
ということを
忘れないで

❸『古事記伝』

解説

本居宣長は江戸時代の国学者です。医学を学ぶかたわら儒学を学んでおり、さらに『源氏物語』などの文学を研究していました。

彼は現存する日本最古の歴史書『古事記』を研究し、35年をかけて注釈書『古事記伝』を完成させました。その厳密な考証は高く評価されており、今日でも古事記研究に不可欠な書物であるとされています。

❷ 東京都

解説

国土地理院が作成した地図上で、「砂漠」の表記がある場所は2カ所だけです。それが、東京都・伊豆大島の三原山ふもとに広がる裏砂漠と、その北東にある奥山砂漠です。日本で「砂漠」というと、つい鳥取砂丘をイメージしてしまいますが、実は鳥取砂丘は「砂漠」ではありません。砂丘と砂漠の違いは以下の通りです。
砂丘：砂が風に吹き上げられて降り積もり、丘のようになった地形のこと
砂漠：生物の活動がほとんどできないような不毛の地で、極度に乾燥した土地のこと
鳥取砂丘には、ハマニガナやハマヒルガオをはじめとした十数種類の植物が生育しているため、砂漠ではありません。

16世紀から17世紀にかけて、
「太陽の沈まぬ国」と呼ばれた国は？

❶ フランス
❷ イタリア
❸ スペイン

18世紀中頃、長年敵対関係にあった
オーストリアとフランスが同盟を結んだ出来事は？

❶ 外交革命
❷ 大同盟
❸ 1756年の妥協

❸ スペイン

解説

16世紀、スペインは新大陸の征服や婚姻関係を通じて世界各地に領土を持つ巨大帝国を築き上げ、常に領土のどこかでは太陽が昇っているということから「太陽の沈まぬ国」と呼ばれました。

しかし、その繁栄は長くは続かず、植民地であったオランダの独立戦争などによって、次第に国力は低下していきました。オランダの独立を支援したイギリスを攻撃するために、無敵艦隊と呼ばれる大艦隊を派遣したものの大敗を喫し、スペインの黄金時代は終わりを告げます。その後はスペインから独立したオランダ、そしてイギリスが黄金時代を迎えます。

❶ 外交革命

解説

オーストリアとフランスは、15世紀末のイタリア戦争以降、2世紀以上にわたって敵対関係にありました。しかし、1740年に起こったオーストリア継承戦争で新興国のプロイセン（のちのドイツ帝国）に要衝のシュレジエンを奪われてしまったオーストリアは、領土奪還のためそれまでの外交政策を大胆に転換して1756年にフランスと同盟を結びました。またオーストリアはロシアとも同盟を結んだため、プロイセンは大陸内で孤立することとなりました。これらの動きを背景として1756年から1763年まで行われた七年戦争は、対立するオーストリア・プロイセン両国のみならず同盟国を巻き込んだ大規模な戦争となりました。

歌人としても歌集『金槐和歌集』を残した、
鎌倉幕府の将軍は？

❶ 源頼朝
❷ 源頼家
❸ 源実朝

流れの激しさから
「越すに越されぬ」と
うたわれた川は？

難しく
なってきたぞ……？
がんばろう！

❶ 富士川
❷ 大井川
❸ 天竜川

❸ 源実朝

解説

源実朝は、鎌倉幕府初代将軍・源頼朝の次男として生まれ、2代将軍である兄・頼家の失脚後、鎌倉幕府第3代将軍の位につきました。朝廷の後鳥羽上皇と協調した政治を行いましたが、1219年に鶴岡八幡宮で甥の公暁に暗殺されました。これにより、源氏の将軍は3代で断絶することになりました。その後、後鳥羽上皇が鎌倉幕府打倒を掲げて兵を挙げますが（承久の乱）、戦いは幕府側が勝利し、以後執権の北条氏が権力を握りました。実朝は歌人としても優れた歌を多く残しており、『金槐和歌集』には彼の詠んだ和歌が約700首収められています。特に万葉風の力強い和歌は、正岡子規など後世の歌人にも高く評価されています。

❷ 大井川

解説

大井川は静岡県の中部を通って駿河湾に注ぐ川です。日本屈指の急流ですが、江戸時代には軍事上の理由から幕府が橋の建設や渡し船を禁止したため、「箱根八里は馬でも越すが 越すに越されぬ大井川」とうたわれるほど、東海道随一の難所として知られました。また、雨による増水によって渡れなくなることもしばしばでした。他の選択肢の富士川と天竜川も静岡県を流れる急流です。富士川は、山形県の最上川・熊本県の球磨川とともに、日本三大急流に数えられます。山梨県で2つの支流が合流して、駿河湾に注ぎます。天竜川は、長野県の諏訪湖に端を発し、静岡県の西部を通って遠州灘に注ぎます。

半導体産業が盛んなことから
「シリコンアイランド」の別名があるのは？

❶ グレートブリテン島
❷ 九州
❸ ジャワ島

2007年には世界遺産に登録された、
日本の鉱山は？

❶ 佐渡金山
❷ 石見銀山
❸ 別子銅山

❷ 九州

解説

　九州は半導体製造に欠かせない良質な水や労働力が豊富で、空港が多く空輸にも便利なことから半導体工場が多く設置されたので、アメリカのシリコンバレーにちなんで「シリコンアイランド」と呼ばれるようになりました。近年は生産量が減少傾向にありますが、世界最大手の半導体受託生産メーカー・TSMCが2024年の稼働を目指して熊本に工場を建設するなど、「シリコンアイランド」復活への動きが進んでいます。また、九州は自動車産業が盛んなことから「カーアイランド」、経済規模が日本全体の約10%を占めることから「1割経済」と呼ばれることもあります。

❷ 石見銀山

解説

資源が乏しいといわれる日本ですが、かつての日本は世界的な銀の産出国で、最盛期の17世紀前半には世界の生産量のおよそ3分の1を生産していました。

中でも石見銀山では、朝鮮半島から伝わった「灰吹法」という製錬技術がいち早く導入され、高純度の銀が大量に産出されました。採掘された銀は中国やポルトガルといった海外の国々との交易を通して世界中に流通し、当時の世界経済に大きな影響を与えました。2007年には、石見銀山の持つ歴史的・文化的価値が認められ、アジアの鉱山遺跡として初めて世界遺産に登録されました。

問題41

平城京や平安京のモデルになった
中国の都市は？

❶ 長安
❷ 洛陽

問題42

ローマ帝国の最盛期を築いた
「五賢帝」最後の皇帝は？

❶ ネルウァ
❷ トラヤヌス
❸ マルクス＝アウレリウス＝アントニヌス

問題43

1969年にエルサルバドルと
ホンジュラスの間で起こった戦争は？

❶ 野球戦争
❷ サッカー戦争
❸ バスケットボール戦争

正解41

❶ 長安

解説

長安は現在の西安にあたる都市で、前漢や隋・唐などの王朝が都に定めました。唐の第6代皇帝・玄宗の時代には人口が100万人に達し、周辺地域からたくさんの人やモノが集まる国際色豊かな都市として栄えました。

日本の平城京や平安京は、長安をモデルに碁盤の目状に設計されました。選択肢の洛陽も、後漢や三国時代の魏、北魏といった王朝が都に定め、隋・唐の時代にも、西の長安に対して「東都」と呼ばれ栄えました。京都の市街地を意味する「洛中」や、京都に入ることを意味する「上洛」といった言葉は、洛陽に由来しています。

正解42

❸ マルクス゠アウレリウス゠アントニヌス

解説

紀元前1世紀から2世紀にかけて、ローマ帝国は「ローマの平和」といわれる空前の繁栄と平和を謳歌しました。中でも、ネルウァ、トラヤヌス、ハドリアヌス、アントニヌス゠ピウス、そしてマルクス゠アウレリウス゠アントニヌスという5人の優れた皇帝「五賢帝」の時代には絶頂期を迎えました。マルクス゠アウレリウス゠アントニヌスはストア派の哲学者としての一面もあり、「哲人皇帝」と称されました。自身の思いを綴った書『自省録』を著しています。

しかし次第にローマ帝国の支配体制が衰えていき、五賢帝時代が終わりしばらくすると、「3世紀の危機」と呼ばれる不安定な時代を迎えました。

正解43

❷ サッカー戦争

解説

1969年7月に中米のエルサルバドルとホンジュラスとの間で起こった戦争は、両国によるサッカーの試合をきっかけとして戦争が始まったので「サッカー戦争」と呼ばれています。その背景には、移民問題、国境問題、貿易問題などをめぐる両国関係の深刻な悪化がありました。

戦闘開始から100時間で停戦がなされたので「100時間戦争」とも呼ばれます。

平和なイベントであるはずのスポーツの国際試合をきっかけに戦争が始まるのは残念なことですね…。

第一次護憲運動を主導し、
「憲政の神様」と呼ばれたのは？

❶ 桂太郎
❷ 山本権兵衛
❸ 尾崎行雄

世界一長い吊橋が
架かっているのは？

❶ 明石海峡
❷ ダーダネルス海峡
❸ ドーバー海峡

その標高から「マイル・ハイ・シティ」の
愛称があるアメリカの都市は？

❶ アトランタ
❷ ボストン
❸ デンバー

正解44

❸ 尾崎行雄

解説

護憲運動は、藩閥中心の官僚政治に対して立憲的な政党政治を実現しようとして、大正時代に2度起きた政治運動です。立憲政友会の尾崎行雄は、1912年に藩閥主導で成立した第3次桂内閣に対し、憲法に基づき議会を尊重した政治を行うべきだとして、「憲政擁護・閥族打破」というスローガンのもと国民党の犬養毅とともに第一次護憲運動の先頭に立ち、桂内閣を批判してわずか53日で総辞職に追い込んだのでした。

尾崎は1890年の第一回総選挙から1952年の第二十五回総選挙まで、25回連続で当選を果たしており、「憲政の神様」「議会政治の父」などの異名をとりました。

正解45

❷ ダーダネルス海峡

解説

長らく世界一の長さを誇った明石海峡大橋ですが、実は2022年のチャナッカレ1915橋の完成によって、世界で2番目の長さになりました。正解のダーダネルス海峡（トルコ語ではチャナッカレ海峡）は、地中海の一部であるエーゲ海と、黒海につながるマルマラ海の間にある海峡です。黒海とマルマラ海の間のボスポラス海峡とともに、アジアとヨーロッパの境で、古代から交通の要衝として知られています。吊り橋の名前の「1915」という数字は1915年にダーダネルス海峡で起きたガリポリの戦いでのトルコ軍が勝利したことを想起させます。イギリスとフランスを隔てるドーバー海峡には吊り橋はかかっていませんが、英仏海峡トンネルが開通しており、海底部の総距離では世界一の長さを誇ります。

正解46

❸ デンバー

解説

ロッキー山脈の東麓に位置するコロラド州の州都・デンバーは標高がちょうど1マイル（約1609m）の高さにあることから「マイル・ハイ・シティ」と呼ばれます。市内には、名前に「マイル・ハイ」がつく建物が多くあります。

デンバーはスポーツが盛んで、MLBのコロラド・ロッキーズ、NFLのデンバー・ブロンコス、NBAのデンバー・ナゲッツ、NHLのコロラド・アバランチと、アメリカ4大プロスポーツすべてのチームの本拠地が置かれています。ちなみに、アトランタはジョージア州の州都、ボストンはマサチューセッツ州の州都です。

歴史を知ると、
『今』の解像度が上がるよね。
今現在、起こっていることの
ヒントが詰まっているから。

Part2

公民・社会

複雑化する現代社会に、
クイズで挑む！

『旧約聖書』の天地創造のエピソードで、
神が人間を作ったのは何日目？

❶ 3日目
❷ 6日目
❸ 9日目

ローマ教皇は、キリスト教の
どの宗派のトップ？

❶ プロテスタント
❷ カトリック

正解47

❷ 6日目

解説

『旧約聖書』の「創世記」には、世界の誕生が描かれています。「創世記」によると、もともと世界には混沌があり、神は最初の5日間で昼と夜、海と空、太陽などを次々と生み出しました。そして6日目に人間や地上の生き物たちを作り、7日目には休みました。

ユダヤ教では、神が7日目に休んだという教えに従い、（日曜から数えて）週の7日目にあたる金曜の日没から土曜の日没までを「安息日」としています。安息日には一切の労働が禁じられるほか、公共交通機関もストップし、街が静寂に包まれます。

正解48

❷ カトリック

解説

ローマ教皇はカトリック教会の首長です。現在はフランシスコがその地位にあります。

現在のローマ教皇はバチカン市国の元首としての役割も果たしています。

日本にキリスト教を布教したのは、カトリック教会の修道会である「イエズス会」でした。戦国時代の日本では、イエズス会の宣教師の仲介のもと日本人キリスト教徒の少年たちがヨーロッパに派遣され、ローマ教皇に謁見しました。

公民・社会 問題49

現在(2023年2月)の、
アメリカの副大統領は誰?

❶ マイク・ペンス
❷ ナンシー・ペロシ
❸ カマラ・ハリス

 公民・社会 問題50

多くのハイテク企業が本社を構える、
香港に接する中国の都市は?

❶ 廈門(アモイ)
❷ 深圳(シンセン)

❸ カマラ・ハリス

解説

現在(2023年2月)、アメリカの大統領はジョー・バイデン、副大統領はカマラ・ハリスが務めています。インド系移民の母とジャマイカ出身の父の間に生まれたカマラ・ハリスは、黒人として、そして女性として史上初のアメリカ副大統領です。

ちなみに、マイク・ペンスは、ドナルド・トランプ大統領のもとで副大統領を務めていた人物です。ナンシー・ペロシは、女性として史上初のアメリカ下院議長です。

❷ 深圳（シンセン）

解説

深圳(シンセン)は広東省南部に位置し、南には香港が接している港湾都市です。

1979年に経済特区に指定されると、外国からの投資が積極的に行われ、製造業が急速に発達しました。ハイテク産業も発展し、通信機器メーカーのファーウェイやネットサービス大手のテンセントなどが本社を置いています。2020年からは自動運転タクシーの運用やデジタル通貨の実験が始まるなど、デジタル化が著しく進んでいる都市です。

イスラム教において、
食べてはいけないとされる食材は？

❶ 鶏肉
❷ 牛肉
❸ 豚肉

著書に『社会契約論』や
『人間不平等起源論』があるフランスの思想家は？

❶ ルソー
❷ モンテスキュー
❸ ロック

現代社会を
生きる上で、知って
おきたいね

正解51

❸ 豚肉

解説

イスラム教では、食に関していくつかルールがあります。食材は、食べても良い「ハラール」と、食べてはいけない「ハラーム」に分かれます。豚肉は食べてはいけない食材に入ります。また、お酒もハラームのよく知られた例でしょう。イスラム教では、食材だけでなく、その食べ物がどうやって作られたかまで含め、食べても良いか決められています。禁じられていない動物であっても、イスラム教のルールに従わない殺され方をした場合は、食べてはいけません。最近では日本でも「ハラール認証」の料理店や食べ物が増えてきました。多くの人と付き合っていく中で、相手の宗教の理解は欠かせません。

正解52

❶ ルソー

解説

ジャン・ジャック・ルソーは『社会契約論』などで人民主権を説き、フランス革命に大きな影響を与えました。

また、音楽家としても活躍し、『村の占い師』という一幕オペラなどを作曲しました。その中のバレエ音楽は、現在童謡として歌われている『むすんでひらいて』の原曲となっています。

日本語での正式名を「絶滅のおそれのある
野生動植物の種の国際取引に関する条約」
という条約は？

❶ ワシントン条約
❷ ラムサール条約
❸ カルタヘナ議定書

世界で最も信者数の多い宗教は？

❶ 仏教
❷ キリスト教
❸ イスラム教

❶ ワシントン条約

解説

ワシントン条約は、国際取引により生存が脅かされている野生動植物の保護を目的として、1973年にアメリカのワシントンD.C.で採択されました。ラムサール条約は、正式名称を「特に水鳥の生息地として国際的に重要な湿地に関する条約」といい、湿地の保全を目的としています。1971年にイランのラムサールで採択されました。カルタヘナ議定書は、「生物の多様性に関する条約」に基づいて、遺伝子組み換え生物等が生物の多様性に悪影響をもたらすことを防ぐ目的で、2000年にモントリオールで採択されました。1999年にこの議定書に関する会議がコロンビアのカルタヘナで行われたことからこの名称になりました。

❷ キリスト教

解説

最も信じられているキリスト教は、世界人口のおよそ3割が信仰しています。

これに次ぐ2位はイスラム教で、仏教は3位……と思いきや、実は4位。3位はヒンドゥー教です。

ヒンドゥー教は国内人口が10億人を超えるインドで広く信仰されているので、世界でもトップクラスの信者数を誇っています。

2015年の国連サミットで採択された、
持続可能な世界を実現するための17のゴール、
169のターゲットからなる国際目標は？

❶ SDGs
❷ MDGs
❸ ISO

欧州連合・EUの本部が置かれている、
ベルギーの首都は？

❶ ブリュッセル
❷ アムステルダム
❸ コペンハーゲン

❶ SDGs

解説

SDGsは、持続可能な開発目標という意味の「Sustainable Development Goals」の略称です。2015年までの目標であったミレニアム開発目標 (Millennium Development Goals: MDGs) が前身となっており、SDGsは2030年までに達成すべき目標として採択されました。

SDGsが採択されてからは、政府だけではなく、企業や大学でもSDGs達成に向けた取り組みが進められています。

❶ ブリュッセル

解説

正解は「ブリュッセル」です。

EUの前身である欧州原子力共同体や欧州経済共同体などの拠点となっていたため、現在でもEUの本部が置かれています。世界で最も美しい広場のひとつ「グランプラス」や名物のワッフルなど観光地としても人気です。

アムステルダムはオランダの、コペンハーゲンはデンマークの首都です。ヨーロッパの国の首都はつい混同してしまいがちですが、サラッと言えるとかっこいいですね。

アメリカ大統領の任期は？

❶ 6年
❷ 5年
❸ 4年

「ICT教育」などといったときの「ICT」。
「I」はinformation、「T」はtechnologyの略。
では「C」は？

❶ combination
❷ creation
❸ communication

正解57

❸ 4年

解説

正解は4年です。
また、アメリカでは大統領を3期以上務めることが禁止されています。

なお、その他の国の大統領の任期はフランスやドイツでは5年、ロシアでは6年となっています。

正解58

❸ communication

解説

「ICT」は、Information and Communication Technology（情報通信技術）の略です。Information Technology（情報技術）の略である「IT」に、Communication（通信）が足されています。

ITは「情報技術そのもの」、ICTは「情報通信技術の使い方」と区別することもできますが、国際的にはどちらも「ICT」と認識されています。

現在、文部科学省は児童生徒の「1人1台端末」の実現を目指すなど、教育におけるICT環境の整備を進めています。

情報技術を駆使できる人と
できない人との間に起こる格差を
「何・ディバイド」という？

❶ ネット
❷ デジタル
❸ インフォメーション

近頃注目を集める「エシカル消費」。
「エシカル」の意味は？

❶ 倫理的
❷ 政治的
❸ 経済的

最近、よく
聞く言葉だね

❷ デジタル

解説

「デジタル・ディバイド」は情報技術を使う能力の差によって生じる格差のことで、情報格差ともいわれています。 コンピュータやインターネットの活用度の違いで、得られる情報の質や量には差が生まれます。その原因は年齢や地域、経済状況など様々です。

近年、デジタル・ディバイドは国際的に注目されており、個人間の格差だけではなく、国家間の格差も問題視されています。

❶ 倫理的

解説

ethical(エシカル)は「倫理の、道徳上の」という意味の英語です。

「エシカル消費」とは、人・社会・地域・環境に配慮した消費行動のことです。消費者それぞれが自分にとっての社会的課題を解決する方法を考え、そのような課題に取り組む事業者を応援しながら消費活動を行います。

エシカル消費は、2015年9月の国連総会で決められた持続可能な開発目標(SDGs)の12番目の目標「つくる責任 つかう責任」につながる行動です。

近年話題の「FIRE」とは、どんなこと？

**❶ 先行きが不透明で
予測困難な状態**

**❷ 持続可能な社会を目指す
生活スタイル**

**❸ 経済的な自立と
早期リタイア**

開発途上国の生産者と先進国の消費者が、
対等な立場で行う貿易を「何トレード」という？

❶ シェアトレード

❷ フェアトレード

❸ レアトレード

正解61

❸ 経済的な自立と早期リタイア

解説

FIREとは、「Financial Independence, Retire Early」の略語で、「経済的な自立と早期リタイア」を意味する言葉です。将来の支出を予め計算し、ある程度貯蓄した後は退職、その後は資産運用などによってお金を稼ぎながら悠々自適な生活を送るというのがFIREにおける基本スタイルです。

選択肢の「先行きが不透明で予測困難な状態」はVUCA、「持続可能な社会を目指す生活スタイル」はLOHASと呼ばれます。

正解62

❷ フェアトレード

解説

「フェアトレード（公正な貿易）」とは、貧困のない公正な社会をつくるために、開発途上国の生産者と先進国の消費者が対等な立場で行う貿易です。経済的に弱い立場である発展途上国などで生産された商品を、先進国が適正な価格で輸入・消費することで、途上国の経済的自立を目指しています。

日本で流通しているフェアトレードの商品としては、コーヒーやカカオ、コットンなどがあり、その数は年々増えています。

公民・社会 問題63 （初級）（中級）（上級）

ミュージシャンの単発ライブを指す言葉に
名前を由来する、インターネットを介して
単発の仕事を受注する働き方を何という？

① サーキットブレイカ
② ギグエコノミー
③ クラウドソーシング

 公民・社会 問題64 （初級）（中級）（上級）

「激しい競争状態にある既存市場」
のことを何という？

① レッドオーシャン
② ブルーオーシャン

► 正解63

❷ ギグエコノミー

解説

インターネットを経由して単発の仕事を受注する働き方をギグエコノミーといいます。「ギグ」という言葉はミュージシャンが行う単発のライブ演奏を指す俗語で、転じて「単発の仕事」を表すようになりました。

例としては「Uber」のドライバーの仕事が挙げられます。労働者側がすすんで仕事を請け負っているわけですね。選択肢にあるクラウドソーシングはよく似た概念です。こちらは不特定多数の人にインターネット経由で業務を委託することをいい、企業側がすすんで仕事を発注している点でギグエコノミーとは主体が異なります。

► 正解64

❶ レッドオーシャン

解説

レッドオーシャンとは、すでに確立された産業や市場のことを指します。激しい競争を血みどろの戦いにたとえて、「赤い海」という意味のレッドオーシャンと呼ばれています。

ブルーオーシャンは、レッドオーシャンの対義語で、参入企業がない未開拓市場のことです。

本来大人が担うと想定されている、
家族の介護やきょうだいの世話をする
18歳未満の子供のことを何と呼ぶ？

❶ ヤングケアラー
❷ キッズヘルパー
❸ シュートチルドレン

アメリカの金融政策を策定する
「連邦準備制度理事会」のことを何という？

ニュースでも、
頻繁に耳に
するね。

❶ CIA
❷ FBI
❸ FRB

❶ ヤングケアラー

解説

家族の介護やきょうだいの世話をする子供をヤングケアラーといいます。世話に時間を費やすことで、体力面や学業面への懸念のみならず、友達と交流する時間が減って孤立してしまうことから、近年問題視されています。

2021年4月に国が行った調査によると、中学生の約17人に1人、高校生の約24人に1人がヤングケアラーに該当するとわかりました。

❸ FRB

解説

FRBは、「連邦準備制度理事会」を意味するFederal Reserve Boardの略称。アメリカの中央銀行にあたる制度として連邦準備制度があり、FRBはその最高意思決定機関です。

連邦準備制度では、市中銀行の監視や規制、紙幣や硬貨の発行などの中央銀行業務を12の地区連銀（連邦準備銀行）が担当しています。FRBは地区連銀を統括するほか、公定歩合の変更や公開市場操作など、金融政策の決定を行う役割があります。FRBは大統領が任命する7人の理事で構成され、現在の議長はジェローム・パウエルです。

現代の日本で、一般に行われている
政治方式はどちら？

❶ 間接民主制
❷ 直接民主制

景気が停滞しているにもかかわらず、
物価上昇が続く状態のことを何という？

❶ スタグフレーション
❷ リフレーション
❸ デノミネーション

-------------▶

正解67

❶ 間接民主制

解説

間接民主制（間接民主主義）とは、国民によって選ばれた代表者を通じて、間接的にその意思が実現されるよう政治を行う形式です。その代表者の集団が、日本では国会にあたります。したがって、国会や議会は間接民主制を代表するシステムといえます。

対して、国民が直接、署名や投票行動などを通じて政治に参加するのが直接民主制です。人口の多い近代国家では困難ですが、国民投票や地方自治体の住民投票は、直接民主制にのっとった制度です。

-------------▶

正解68

❶ スタグフレーション

解説

景気停滞と物価上昇が同時に起こることを、スタグフレーション(stagflation)といいます。スタグフレーションは、不況を意味するスタグネーション(stagnation)と、物価上昇を意味するインフレーション(inflation)の合成語です。リフレーション(reflation)は、物価が持続的に下落するデフレーションを脱却したものの、インフレーションには至らない状態のことです。リフレーションを継続させようとする政策を支持する人々のことをリフレ派と呼ぶことがあります。デノミネーション(denomination)は、通貨単位の呼称を変更することを意味します。インフレーションなどにより、金額表示の桁数が膨大になるときなどに実施されます。

地方自治体に寄附をすることで、
所得税や住民税の控除を受ける制度を何という？

❶ ふるさと納税
❷ おんがえし納税
❸ ははおや納税

「我思うゆえに我あり」という一節が有名な、
17世紀の哲学書は？

❶ 『方法序説』
❷ 『論理哲学論考』
❸ 『パンセ』

正解69

❶ ふるさと納税

解説

都会で就職している地方出身者が普通に所得税や住民税を納めると、都会にばかり税収が入って、出身地である地方の自治体は税収を得られません。これを是正するための制度が「ふるさと納税」です。

「納税」と名前についている「ふるさと納税」ですが、実際には「寄附」です。また、「ふるさと」とはいいますが、自分とは縁のない自治体に寄附しても控除を受けることができます。
ふるさと納税を行うと、税金の控除のほかにも「返礼品」として地元の名産品などがもらえるのですが、度を超えて高価な返礼品を用意する自治体が現れるといった問題も起こっています。

正解70

❶ 『方法序説』

解説

『方法序説』は哲学者デカルトの代表的な著書です。「我思うゆえに我あり」の他、「良識はこの世で最も公平に分配されているものだ」などの有名な格言が登場します。

思想家として知られるデカルトですが、数学者の顔も持っていました。解析幾何学の創始者であり、座標の概念を初めて考え出したのもデカルトとされています。その他にも気象学の研究にも取り組むなど、様々な分野で才能を開花させています。

「人間は考える葦である」
の名言で知られる哲学者は誰？

❶ パスカル
❷ ベンサム
❸ ニーチェ

「無知の知」を唱えた、
古代ギリシャの哲学者は？

❶ ソクラテス
❷ アリストテレス
❸ プラトン

正解71

❶ パスカル

解説

著書『パンセ』の中で、「人間は考える葦である」という言葉を残した
パスカル。人間の、自然の中における存在としてのか弱さと、思考
する存在としての偉大さを表した言葉です。

ほかにもパスカルは「クレオパトラの鼻が低かったら世界は変わっ
ていただろう」などの言葉を残しています。

正解72

❶ ソクラテス

解説

ソクラテスは、自分は何も知らないことを知っているという「無知
の知」を自覚することが重要だと考え、街の人々と対話を繰り返し
ました。対話を通じて、相手の考えの矛盾を暴き出し、無知を自覚
させる「問答法」という方法を用いたのです。

その後、ソクラテスは「青年に悪影響を与えた」という罪で告発され
死刑になってしまいます。なお、プラトンはソクラテスの弟子、アリ
ストテレスはプラトンの弟子です。アリストテレスは、多分野の研
究から「万学の祖」と呼ばれた人物です。

京都大学で教鞭を振るい、
田辺元らと「京都学派」を形成した哲学者は？

①　西田幾多郎（にしだ・きたろう）
②　藤岡作太郎（ふじおか・さくたろう）
③　鈴木大拙（すずき・だいせつ）

新約聖書の原文の大部分は
何語で書かれていた？

意外と知らない人、
多いんじゃない？

①　ギリシャ語
②　ラテン語

❶ 西田幾多郎（にしだ・きたろう）

解説

西田幾多郎は著書『善の研究』で知られる、日本を代表する哲学者です。彼が好んで散策した琵琶湖疎水沿いの道は「哲学の道」として観光名所にもなっています。

禅の思想を海外に紹介した鈴木大拙(本名:鈴木貞太郎)や国文学者の藤岡作太郎とは同郷の親友として知られ、三人はまとめて「加賀の三太郎」と呼ばれます。

❶ ギリシャ語

解説

キリスト教の正典は、大きく新約聖書と旧約聖書の2つに分けることができます。そのうち新約聖書は、キリスト誕生後の神の啓示を示すもので、原文は大部分が「コイネー」と呼ばれる古代のギリシャ語で記されています。

旧約聖書は、本来ユダヤ教の聖典としてまとめられたものですが、キリスト教的宗教観からは新約に対する旧約として扱われています。旧約聖書は大部分がヘブライ語で書かれており、モーセ五書などが含まれています。

国連の安全保障理事会において、
常任理事国は何ヵ国？

❶ 5ヵ国
❷ 6ヵ国
❸ 7ヵ国

「ヨーロッパ最後の独裁者」と呼ばれる
ルカシェンコ大統領が統治している国はどこ？

❶ ルーマニア
❷ ウクライナ
❸ ベラルーシ

正解75

❶ 5ヵ国

解説

国連安全保障理事会(安保理)は、国際平和・安全の維持に主要な責任を持つ機関です。安保理は5ヵ国の常任理事国と10ヵ国の非常任理事国で構成されます。

常任理事国は中国、フランス、ロシア、イギリス、アメリカの5ヵ国からなり、決議を否決できる「拒否権」を持っています。非常任理事国は各地域から一定数の国が選挙で選出され、その任期は2年です。

正解76

❸ ベラルーシ

解説

アレクサンドル・ルカシェンコは1994年からベラルーシの大統領を務めています。

2020年に行われた大統領選で80%の得票率を獲得し6選目を果たしましたが、選挙での不正が疑われています。
また、2021年5月には、旅客機を強制的に着陸させて反体制派のジャーナリストを拘束したことで国際社会から批判を浴びました。

年利10%の1年ごとの複利で100万円を預けると、
2年目に増える利子は何円？

① **12万円**
② **11万円**
③ **10万円**

内閣の構成員である国務大臣が15人いるとき、
国会議員から選ぶ必要があるのは最低何人？

① **8人**
② **10人**
③ **12人**

中級ともなると、
簡単じゃ
ないなあ……

❷ 11万円

解説

利子(利息)の計算方法には「単利」と「複利」があります。「単利」の場合、利子は最初に預けた金額のみにつくため、利子の金額は一定です。一方、「複利」の場合、利子にも利子がつき、利子の金額は年々増加していきます。年利10%の1年ごとの複利で100万円預けると、利子は以下のようになります。

1年目：100万円×0.1＝10万円
2年目：(100万円＋1年目の利子10万円)×0.1＝11万円
3年目：(100万円＋1年目の利子10万円＋2年目の利子11万円)×0.1＝12万1千円

❶ 8人

解説

日本国憲法第68条1項で、「内閣総理大臣は、国務大臣を任命する。但し、その過半数は、国会議員の中から選ばれなければならない。」とされています。そのため、国務大臣が15人のときは、国会議員を8人以上起用する必要があります。

国会議員でない国務大臣は民間人閣僚と呼ばれ、これまでに24人が民間人として入閣しています。2012年に自民党政権となって以降は民間人閣僚はおらず、最後に起用されたのは2012年の野田内閣で防衛大臣を務めた森本敏(さとし)氏です。

特定の物品の輸入が急増した際に、
自国産業を守るため関税の引き上げや
輸入制限を行うことを何という？

❶ マネーガード
❷ トレードガード
❸ セーフガード

日本の国会では、衆議院議員と
参議院議員を兼任することができる。
○か×か。

❶ ○
❷ ×

❸ セーフガード

解説

ある品目の輸入量が急増した場合、自国内の産業が大きな打撃を受けることが考えられます。そのような恐れがある場合に該当する輸入品に対して輸入制限を課したり、関税をかけたりする場合があります。これをセーフガードといいます。

日本でもかつて、ネギや生しいたけなどに対して暫定的な関税の引き上げが半年ほど行われたことがあります。

❷ ×

解説

日本の国会では、衆議院議員と参議院議員は兼任できません。

日本国憲法第48条に「何人も、同時に両議院の議員たることはできない。」とあり、衆議院議員と参議院議員の兼任を禁じています。衆参どちらかの議員が、選挙で当選するなどしてもう片方の議員になった場合、当初務めていた方の議員を退職したことになります（国会法第108条）。

「リバースモーゲージ」とは、
何を担保にお金を借りる仕組み？

① 国債
② 自宅
③ 自動車

「ブルートフォース攻撃」や「DoS攻撃」といえば、
何に関する用語？

① サイバーセキュリティ
② 食品ロス
③ 社会心理学

近年、愛知県の知多半島に定着したと考えられている、
人体に入ると重い肝機能障害を引き起こす寄生虫は？

① アニサキス
② トキソプラズマ
③ エキノコックス

❷ 自宅

解説

リバースモーゲージは、自宅を担保に生活資金などを借り入れる、主に高齢者向けの仕組みです。

自宅に住み続けながらお金を借り入れ、借入者が亡くなった時に自宅を売却して返済することができます。住宅ローンと比べて毎月の支払い額を抑えることができるため、老後の限られた生活資金を有効活用できるというメリットがあります。

ただし、長生きして借り入れできる限度額を使い切ってしまう可能性や、担保としている不動産の評価額が下落することで、借り入れ限度額が下がってしまうなどのリスクもあります。

❶ サイバーセキュリティ

解説

「ブルートフォース攻撃」や「DoS攻撃」はともにサイバー攻撃の一種です。

「ブルートフォース攻撃」は別名を「総当たり攻撃」といい、特定のIDに対してパスワードを片っ端から入力する不正アクセスの手法のひとつです。

「DoS攻撃」はウェブサイトやサーバーに対して過剰なアクセスやデータを送付することで負荷をかけ、サービスを停止や遅延させる攻撃です。これから派生した、複数のPCを乗っ取って仕掛ける「DDoS攻撃」は、一般の企業や組織に深刻な被害をもたらしています。

❸ エキノコックス

解説

エキノコックスは、狐や野犬などに寄生する微生物です。寄生された動物のフンには卵が混じっており、それらの含まれた水・付着した野菜などを口にすることで人間にも感染し、重い肝機能障害を引き起こします。これまで日本では北海道のみに定着していると思われていましたが、2014年ごろから愛知県の知多半島で捕獲された野犬から検出され、同地域にも定着したとの見解が国立感染症研究所から示されました。

エキノコックス症の防止には、動物と触れ合った後の手洗いを徹底することや、生水を飲まないことなどが有効です。

国家公安委員会や金融庁を
管轄している行政機関は？

❶ 内閣府
❷ 総務省
❸ 財務省

弾劾(だんがい)裁判所で
裁かれるのは？

❶ 裁判官
❷ 国会議員
❸ 内閣総理大臣

次のうち、日本国憲法で
規定されている役職は？

❶ 摂政
❷ 関白
❸ 太政大臣

正解84
❶ 内閣府

解説

内閣府は国家公安委員会や金融庁、公正取引委員会などの組織を管轄しています。このように特殊な業務を遂行するために内閣府・各省に置かれる行政機関を外局といいます。

同様に、総務省は消防庁などを、財務省は国税庁を外局に持っています。

正解85
❶ 裁判官

解説

日本国憲法第64条には、弾劾裁判所について以下のように記載されています。

「国会は、罷免の訴追を受けた裁判官を裁判するため、両議院の議員で組織する弾劾裁判所を設ける。」

弾劾裁判所で裁かれるのは裁判官であり、裁判官を裁くのは国会議員です。ちなみに「弾劾」は、「犯罪や不正を明らかにし、その責任を負うよう求めること」という意味です。

正解86
❶ 摂政

解説

摂政とは、君主に代わって政治を執り行うこと、または執り行う人を指します。摂政に関する条文である日本国憲法の第5条によると、摂政は皇室典範（皇室に関する事項を定めた法律）に従って置くことができ、天皇の名で国事行為を行うことが規定されています。皇室典範の規定では、天皇が成年に達していないときや、天皇が精神・身体の重患や重大な事故により国事行為を自らすることができないときに、摂政が置かれることとなっています。

日本国憲法が施行されてからは摂政が置かれた事例はありませんが、大日本帝国憲法下の1921年には、大正天皇の重病により、皇太子の裕仁親王（後の昭和天皇）が摂政になりました。

ある会社の株式を最も多く保有している
株主を何という?

❶ 首位株主
❷ 主要株主
❸ 筆頭株主

参議院議員選挙は、
何年ごとに行われる?

❶ 5年
❷ 3年
❸ 6年

国境を越える貿易や交通で重要となる手続きを指す
「CIQ」とは、税関、出入国管理と何?

❶ 質問
❷ 検疫
❸ 警告

正解87

❸ 筆頭株主

解説

ある会社の株式を最も多く持つ（持ち株比率が最も高い）株主のことを筆頭株主といい、経営の意思決定に大きな影響を持ちます。

似た用語として主要株主がありますが、こちらは企業の議決権がある発行済み株式の総数の10%以上を保有する株主のことをいいます。

正解88

❷ 3年

解説

参議院議員の任期は6年ですが、3年ごとに半数の改選が行われるので、正解は3年です。

参議院の定数は2018年から248人に増え、124人ずつの選挙となっています。

参議院には衆議院と違って解散がありません。半数ずつの改選とすることで、議院の継続性を保つと共に、国会に空白が生じないようになっているのです。

正解89

❷ 検疫

解説

正解は検疫です。CIQはそれぞれ、Customs（税関）、Immigration（出入国管理）、Quarantine（検疫）という英単語の頭文字です。

税関では関税の徴収や通関手続きなどの業務を行います。出入国管理では国境を往来する人の記録を取り、犯罪者や不法移民が出入国しないことなどを監視します。
検疫では海外から国内に病気が持ち込まれることを防ぐために、旅客や荷物などを検査し、必要があれば消毒や隔離を行います。人間の病気以外にも、農作物や動物に被害を及ぼす害虫や病原体が紛れていないか検査をします。

問題90

消費税はどちらに
分類される？

❶ 直接税
❷ 間接税

問題91

裁判員裁判が行われるのは
どちら？

❶ 刑事裁判
❷ 民事裁判

問題92

2023年2月現在のノーベル賞の賞金は
日本円でどれくらい？

❶ 約1億円
❷ 約10億円
❸ 約1千万円

正解90

❷ 間接税

解説

消費税は間接税です。

間接税とは税を実際に納める人と、税金を負担する人が異なる税のことです。消費税は実際に負担する人は商品を購入した消費者ですが、納税を行うのは商品を売ったお店なので間接税にあたります。

直接税は納税者と負担者が一致する税のことで、所得税や住民税が該当します。

正解91

❶ 刑事裁判

解説

裁判員裁判が行われるのは刑事裁判。中でも殺人や放火といった重大な事件についての地方裁判所で行われる第一審に裁判員は参加します。

裁判員裁判では、3人のプロの裁判官と6人の国民から選ばれた裁判員で裁判を行います。裁判を国民にとって身近なものにし、司法制度への信頼を高めることを目的に創設されました。アメリカなどで行われる陪審員制度と似ていますが、裁判員は量刑（どのような刑罰を科すか）も判断するところなどに違いがあります。

正解92

❶ 約1億円

解説

例年、ノーベル賞の授賞式の会場は、平和賞以外の5部門がスウェーデンのストックホルム、平和賞がノルウェーのオスロです。ノーベル賞はノーベルの出身地であるスウェーデンと深い関わりがあります。賞金も1000万スウェーデンクローナというスウェーデンの通貨で贈られ、これは約1億3000万円に相当します。ちなみに、所得税法第9条によって「ノーベル基金からノーベル賞として交付される金品」は非課税と明記されています。これによってノーベル賞の賞金には税金がかかりませんが、経済学賞だけはスウェーデン国立銀行から支払われるので、「一時所得」として所得税が課税されます。現在のところ日本人に経済学賞の受賞者はいないので、大きな問題にはなっていませんが。

ノーベル賞のパロディであるイグノーベル賞。
名前の由来になった ignoble は、どういう意味の言葉？

① 突飛な
② 粗悪な
③ 滑稽な

2022年9月、
新たにイギリス国王に即位した人物は？

① チャールズ1世
② チャールズ2世
③ チャールズ3世

「ある資産を複利で運用した場合、
元本が2倍になるまでのおよその期間」を導く法則は？

① 72の法則
② 100の法則
③ 115の法則

正解93

❷ 粗悪な

解説

「イグノーベル賞」という名前は、ノーベル賞創設者アルフレッド・ノーベルの姓に否定的な接頭辞「Ig」をつけた造語と、「粗悪な」や「見下げた」という意味の ignoble、これらを掛け合わせたジョークになっています。

イグノーベル賞は、ノーベル賞のパロディとして誕生しました。様々な分野の研究から選ばれ、「人々を笑わせ、それを考えさせる業績」に対して贈られます。

正解94

❸ チャールズ3世

解説

2022年9月8日に母であるエリザベス女王の崩御に伴い、チャールズ皇太子がイギリス国王に即位しました。2023年5月6日、ロンドン・ウエストミンスター宮殿での戴冠式を74歳で迎えることになりますが、これは歴代のイギリスの新しい君主では最高齢での戴冠とのことです。

選択肢にある「チャールズ1世」「チャールズ2世」はいずれも17世紀の国王です。チャールズ1世はピューリタン革命によって1649年に処刑され、その後チャールズ2世が即位する1660年までの11年間は、イギリス史上唯一の共和政の時代となっています。

正解95

❶ 72の法則

解説

「72の法則」とは、任意の金利により資産を複利で運用した場合、元本が2倍になるまでのおよその期間を求めることができる法則です。「72÷金利(%)≒お金が2倍になる期間 (年)」という数式により求めることができます。例えば、100万円の資金を8%の複利で運用した場合に2倍の200万円になるのは、「72÷8=9」により約9年後だと求めることができます。同様の法則に「100の法則」や「115の法則」があります。「100の法則」は「単利で運用した場合に元本が2倍になるまでのおよその期間」、「115の法則」は「複利で運用した場合に元本が3倍になるまでのおよその期間」を導くことができます。最近の日本は超低金利状態が続いているため、利回りだけで資産を倍に増やすためにはかなりの年月がかかることがわかります。

2018年、燃料税の増税をきっかけに
フランスで起こった反政府デモを何という?

1 赤い指輪運動
2 青いネクタイ運動
3 黄色いベスト運動

毎年6月ごろに策定される、政権の重要課題や
翌年度の予算編成についての基本方針を何という?

1 盤石の方針
2 骨太の方針
3 渾身の方針

2025年から導入される見込みの、
従来の懲役刑・禁錮刑を一元化した新しい刑罰は?

1 拘禁刑
2 拘束刑

正解96

❸ 黄色いベスト運動

解説

2018年11月、政府の燃料増税をきっかけとしてフランス全国に反政府抗議デモが広がりました。デモの参加者が黄色い安全ベストを着用したことから「黄色いベスト運動（ジレ・ジョーヌ）」と名付けられました。ピーク時には28万人が参加し、マクロン大統領の辞任が訴えられました。

変わった名前のデモ活動は他にも、2014年9月に香港で起きた民主化要求デモ「雨傘運動」があります。デモ隊を催涙スプレーなどで排除しようとする警察に対し、雨傘を開いて対抗したことからこのように名付けられました。

正解97

❷ 骨太の方針

解説

正式名称は「経済財政運営と改革の基本方針」。毎年6月ごろに行われる経済財政諮問会議で策定されます。最近では、新型コロナウイルスに関する内容やDX（デジタルトランスフォーメーション）に関する内容も盛り込まれています。

かつての財務大臣・宮澤喜一が同会議の議論を「骨太」と表現したことから、「骨太の方針」と呼ばれるようになりました。

正解98

❶ 拘禁刑

解説

2022年6月に成立した改正刑法で、懲役刑と禁錮刑を一元化する拘禁刑が創設されました。施行は2025年の見込みです。受刑者を刑事施設に拘置した上で「改善更生を図るため、必要な作業を行わせ、必要な指導を行うことができる」と規定されます。たとえば、学力不足で社会復帰に支障がある若い受刑者には学力向上のための指導を行う、刑務作業が困難な高齢の受刑者にはリハビリや福祉的な支援を重点的に行うなど、受刑者の年齢や特性に応じて刑務作業と指導を組み合わせることが可能になります。刑の種類に変更が加えられるのは、1907年の刑法制定以来初めてのことです。日本では明治時代から刑罰の種類はずっと同じだったんですね。

ハイデガーやサルトルに代表される
哲学の一派は？

❶ 実存主義
❷ 実証主義

「CANインベーダー」や「リレーアタック」とは、
何の盗難で使われる手口？

❶ 自動車
❷ スーツケース
❸ スマートフォン

『万葉考』などの著書を残した
国学者は？

❶ 賀茂真淵（かもの・まぶち）
❷ 本居宣長（もとおり・のりなが）
❸ 平田篤胤（ひらた・あつたね）

❶ 実存主義

解説

実存主義は、世界における人間の現実存在を説明しようとする哲学の一派です。人間を「本質存在」ではなく、個別具体的で主体的な事実存在である「実存」として捉える立場をとります。哲学者サルトルは「実存は本質に先立つ」という考え方を残しました。彼の喩えを用いて説明すると、ペーパーナイフは紙を切るという目的（＝本質）が先にあって作られるが、人間はあらかじめ目的が決まっているわけではなく、その目的を自ら選び取る存在であり、実存が本質より先行している という考え方です。実証主義は、経験的事実にのみ立脚し、先験的・形而上学的な推論を一切排除する哲学の一派です。フランス人のサン・シモンに始まり、オーギュスト・コントによって確立されました。

❶ 自動車

解説

「CANインベーダー」は、車のいたるところに通っている「CAN信号」という配線を経由し、「OBD Ⅱ(ツー)」という車両のシステムに侵入することで、ドアロックの解除やエンジンの始動を行う盗難手法です。「リレーアタック」は、車のスマートキーが発する微弱な電波を特殊な機器でキャッチして増幅させ、これを車両まで中継することでドアロックの解除やエンジンの始動を行う盗難手法です。いずれも車に施された高度な技術を悪用する車両盗難の手口ですが、タイヤロックやハンドルロックの導入といった物理的なセキュリティを講じることで、車両そのものを盗難されるリスクは大幅に減らすことができます。

❶ 賀茂真淵（かもの・まぶち）

解説

国学は、古典の研究を通じ、古代の思想や文化を明らかにすることを目指した江戸時代の学問で、賀茂真淵が樹立したといわれています。賀茂真淵は数ある古典の中でも『万葉集』を研究の題材に選び、多くの著作を残しました。また、万葉調の歌を数多く詠んだ歌人としての一面も持っています。

賀茂真淵の弟子である本居宣長は、『古事記』を長年の研究の題材とし、35年をかけて注釈書『古事記伝』を著しました。平田篤胤は本居宣長の「没後の門人」(師匠の死後に弟子入りした人)を自称し、「平田神道」といわれる独自の神学体系を作り上げた、江戸時代後期の国学者です。

世界で活躍する女性首相。
ジャシンダ・アーダーンは、どこの国の首相？

① フィンランド
② ニュージーランド
③ イタリア

縦軸に税収、横軸に税率をとり、
両者の関係を示した曲線は？

① フィリップス曲線
② ラッファー曲線
③ ローレンツ曲線

息子夫妻との共著『ファクトフルネス』で知られる、
スウェーデンの医師は？

① ハンス・ロスリング
② アンデシュ・ハンセン
③ ゴスタ・レーン

❷ ニュージーランド

解説

2017年よりニュージーランドの首相を務めるアーダーン氏。2022年4月には日本を訪れ、岸田首相と首脳会談を行いました。前出のように、アーダーン氏は2018年に世界で初めて首相在任中に産休を取ったことで話題となりました。また、授乳中の娘を連れて国連総会に出席するなど、育児と執務を両立している姿が世界で注目されました。ニュージーランドは1893年に世界で初めて女性の参政権を認めており、女性の政治参加において長い歴史を持っている国です。選択肢のフィンランドでも女性の政治参加が進んでいます。サンナ・マリン首相率いる政権は発足当時、19人の大臣のうち12人が女性、連立5政党の党首が全て女性と、積極的な女性の政界進出の様子が見てとれます。

❷ ラッファー曲線

解説

ラッファー曲線は税収と税率の関係を表す曲線です。具体的には、ある割合までは税率を上昇させても税収が増大するが、ある割合を境に税率が上昇するにつれて税収が減少するという関係を示します。これは、税率が一定の割合を超えると、勤労意欲の減退により労働力の供給の減少が大きくなり、結果として税収が減少することに起因します。すなわち、労働者の勤労意欲を大きく損なわない範囲で増税をすることが税収の増加には重要だということです。フィリップス曲線は物価上昇率(または賃金上昇率)と失業率がトレードオフの関係にあることを示した曲線です。ローレンツ曲線は世帯間の所得分布をグラフ化したもので、世帯間の格差を示す「ジニ係数」の算出に用いられます。

❶ ハンス・ロスリング

解説

ハンス・ロスリングはグローバルヘルスの研究などで功績のあるスウェーデンの医師です。息子夫妻との共著『FACTFULNESS─10の思い込みを乗り越え、データを基に世界を正しく見る習慣』には、思い込みを排しデータや統計をもとに世界をとらえるためのポイントがまとめられています。この本は、実業家のビル・ゲイツや元アメリカ大統領のバラク・オバマも絶賛しています。選択肢の「アンデシュ・ハンセン」は同じくスウェーデンの医師で、『スマホ脳』などのベストセラーで知られています。「ゴスタ・レーン」はスウェーデンの経済学者で、社会人になった後に教育機関で改めて教育を受ける「リカレント教育」の提唱者です。

公民・社会は僕は得意じゃないけれど、知ると社会システムの全体像が見えてくるよね！日々のニュースをより深く理解できそう

Part3

科学

科学リテラシーがないと、
ニュースについていけないぞ！

赤﨑勇、天野浩、中村修二がノーベル物理学賞を
受賞したのは、何を発明した功績によるもの？

❶ 赤色LED
❷ 青色LED
❸ 緑色LED

恐竜のほとんどが絶滅したのは、
今から約何年前のこと？

❶ 約6億6000万年前
❷ 約6600万年前
❸ 約660万年前

❷ 青色LED

解説

LED（発光ダイオード）とは、電気を流すと発光する半導体の一種です。LEDは、省電力・長寿命であるという特長があります。赤﨑勇、天野浩、中村修二の3人は、青色LEDを発明した功績が評価され、2014年にノーベル物理学賞を受賞しました。

赤色と緑色のLEDは1960年代に実用化レベルに達していましたが、青色LEDの開発は長い間難航していました。青色LEDが開発されたことで、明るく省エネルギーな白色の光を表現できるようになりました。

❷ 約6600万年前

解説

恐竜は、今から約2億3000万年前に、は虫類の仲間から進化して誕生し、約6600万年前にほとんどが絶滅しました。このとき、恐竜類の一員である鳥類は絶滅せず、現在まで生き残っています。

恐竜のほとんどが絶滅した理由は、地球環境の急激な変化に対応できなかったからだとされています。約6600万年前に環境が急激に変化した原因は、隕石の衝突とも火山の噴火ともいわれており、はっきりとはわかっていません。

コンピュータの「中央演算装置」
のことを何という？

❶ CPU
❷ USB
❸ LAN

国際宇宙ステーションにある、
日本が開発した実験棟の名前は？

まだまだ準備運動。
どんどんいこう！

❶ つばさ
❷ きぼう
❸ のぞみ

① CPU

解説

CPUとは「Central Processing Unit」の略で、コンピュータの各種装置の制御やデータの処理を行う装置を指します。コンピュータの「頭脳」ともいえる大切な部位で、性能を左右する最大の要因になります。

ちなみに「LAN」は「Local Area Network」の略で、「Wi-Fi」などの通信規格によって形成される局所的な通信網を指す単語です。「USB」は「Universal Serial Bus」の略。コンピュータと他の機器をつなぐ端子の規格のひとつです。

② きぼう

解説

国際宇宙ステーション (ISS) は世界の15ヵ国が協力して運用している実験施設で、2009年に完成した日本の実験棟には「きぼう」という名がつけられています。ISSは、地上からおよそ400kmの高さで地球を周回しています。きぼうでは日々様々な実験が行われています。

「ベルクマンの法則」によると、
同じ種の恒温動物を比較したとき、
寒い地域に生息するものほど身体の大きさはどうなる？

❶ 大きくなる
❷ 小さくなる

「銀河は、銀河系からの距離に
比例した速度で遠ざかっている」という法則に
名が冠されている天文学者は？

❶ ガリレオ
❷ ケプラー
❸ ハッブル

❶ 大きくなる

解説

ベルクマンの法則によると、同じ種の動物でも、寒い地域に生息しているものほど身体が大きくなります。例えばシカの仲間で比較すると、北海道に生息するエゾシカは屋久島に生息するヤクシカより身体が大きいです。

恒温動物は身体が大きければ大きいほど体内で作られる熱の量が増えます。また、体重当たりの体表の面積は小さくなっていきます。このため、大きい動物ほど寒冷地でも身体を温かく保つことができます。ベルクマンの法則はこのような適応に由来すると考えられています。

❸ ハッブル

解説

エドウィン・ハッブルは、宇宙に存在する銀河が、銀河系との距離に比例した速度で我々から遠ざかっていることを発見したアメリカの天文学者です。ベルギーの宇宙物理学者であるジョルジュ・ルメートルも独立に同じ法則を発見していたため、この法則は「ハッブル・ルメートルの法則」と呼ばれます。ハッブル・ルメートルの法則は、宇宙が膨張していることの証拠となり、のちの宇宙論に大きな影響を与えました。また、NASAが1990年に打ち上げた「ハッブル宇宙望遠鏡」にも彼の名が冠されており、こちらも銀河や系外惑星、原始宇宙の観測で天文学に大きな影響を与えました。

ガムなどに含まれる、
虫歯予防に効果がある糖は？

1 キシリトール
2 ブドウ糖
3 サッカリン

「ジャイアント・インパクト説」といえば、
何の誕生に関する仮説？

「インパクト」、
つまり衝突という
ことだよね

1 人類
2 月
3 海

❶ キシリトール

解説

キシリトールは糖アルコールの一種です。同じくガムに含まれ、虫歯予防に効果がある糖には、他にソルビトールがあります。キシリトールが虫歯を防ぐ理由は大きく2つあります。1つ目の理由は唾液に関わりがあります。キシリトールは甘いため、唾液の分泌を促します。唾液は虫歯菌が作った酸を中和する役割があるため、口の中が虫歯になりにくい環境になります。また、キシリトールには、唾液中のカルシウムが歯に取り込まれることを促進する効果もあります。2つ目の理由は虫歯菌と直接関わりがあります。虫歯は、虫歯菌が糖分を分解する過程で作る酸に起因します。しかし、キシリトールはほかの糖と異なり虫歯菌によって分解されません。さらに、キシリトールは虫歯菌に取り込まれることで菌のエネルギーを消耗させ、糖の代謝を阻害します。

❷ 月

解説

今から約45億年前、原始の地球に火星サイズの大きな天体（「テイア」と呼ばれる）が衝突し、そのときの破片から月ができた——と説明するのが、「ジャイアント・インパクト説（巨大衝突説）」です。アポロ計画で月から持ち帰った岩石の分析により有力視されているものの、肝心の天体の存在を示す証拠はまだ見つかっていません。近年は「地球の内部・マントルの奥深くにテイアの一部がある」といった仮説が提唱されています。

血糖値を下げるはたらきがある、
膵臓で分泌されるホルモンは？

❶ インスリン
❷ チロキシン
❸ グルカゴン

人間が抱える非合理性に着目し、
心理学の研究成果を取り入れた理論を展開する、
経済学の一分野は？

❶ 新古典派経済学
❷ 行動経済学
❸ 開発経済学

❶ インスリン

解説

インスリンは膵臓のランゲルハンス島という組織から分泌される
ホルモンです。細胞が血液中のブドウ糖を取り込むようにするな
どして、血糖値を下げるはたらきがあります。

体内でインスリンの分泌量が不足したり、作用が低下したりする
と、血糖値が異常に高くなります。このような状態の病気が糖尿病
です。純度を高めたインスリンの製剤は、糖尿病の治療に使われま
す。ただし、2022年11月に、糖尿病は名称変更が行われる方針が
示されました。

❷ 行動経済学

解説

従来の経済学は、合理的に自己利益を最大化する個人を仮定した
理論を組み上げていました。しかし、実際の人間はその仮定に反
し、よく非合理的に行動します。そこで登場したのが行動経済学で
す。

行動経済学では、心理学の研究を参照することで、人間の非合理的
な行動の中に法則性を見出そうとします。心理学の成果を取り込
んだ結果、行動経済学は様々な経済現象をよりうまく説明できるよ
うになりました。近年ではビジネスにおける応用にも注目が集ま
っています。

脳などにある「神経細胞」のことを
何という？

① シナプス
② ニューロン
③ グリア

著書『ソロモンの指環』で名高いコンラート・ローレンツ。
どんな分野の研究者？

① 歴史学
② 天文学
③ 生物学

❷ ニューロン

解説

ヒトの脳も含め、多くの生物の脳にはニューロンがあります。ニューロンは、別のニューロンとつながって情報を受け取り、処理した結果をまた別のニューロンに受け渡す、という役割をもっています。最近話題のニューラルネットワークは、ヒトの脳におけるニューロンの集まりを、コンピュータ上でモデル化したものです。選択肢のシナプスは、ニューロンと他のニューロンが接続している部分のこと。ここで神経伝達物質が受け渡されることによって電気信号が伝えられます。グリアは、神経系を構成する細胞のうちニューロン以外の細胞のことで、ニューロンを補助する様々な役割があると考えられています。

❸ 生物学

解説

コンラート・ローレンツは、動物行動学という生物学の一分野を確立した研究者の1人で、ノーベル賞も受賞しています。特に、ハイイロガンのヒナを用いた実験により、動物が生まれた直後に認識したものを親として追いかける本能的な習性、いわゆる「刷り込み」を研究した業績で有名です。

動物行動学について著した『ソロモンの指環』の書名は、古代イスラエル王国のソロモン王が持った、動物の話を聞く能力を与える指輪に由来します。

次のうち、アミノ酸が
たくさん結合してできているのは？

❶ DNA
❷ タンパク質

この式で表される関係を発見した人物は？
$F=ma$（ただし、F：力、m：質量、a：加速度）

❶ アイザック・ニュートン
❷ アルベルト・アインシュタイン
❸ ガリレオ・ガリレイ

正解117

❷ タンパク質

解説

アミノ酸は、「アミノ基」と「カルボキシ基」という構造を共にもつ有機化合物の総称です。

タンパク質は、ペプチド結合でつながり鎖状となったアミノ酸から構成されています。アミノ酸の分子同士の作用により、タンパク質は立体的な構造に折り畳まれます。

選択肢のDNAは、塩基・デオキシリボースという糖・リン酸からなる「ヌクレオチド」がたくさんつながった物質です。細胞の核の中では二重らせん構造をとっており、遺伝情報を担っています。

正解118

❶ アイザック・ニュートン

解説

この式は、運動方程式と呼ばれる式。古典力学の最も基礎的な式のひとつです。Fは力、mは質量、aは加速度（時間ごとの速度の変化のこと）を表します。つまり、物体にかかる力は、その物体の質量と、その物体の加速度の積で表されるということです。運動方程式で表現される運動の法則を発見したのはアイザック・ニュートン。「慣性の法則」「運動の法則」「作用反作用の法則」という「運動の3法則」を提唱し、古典力学を確立しました。ちなみに、古典力学とは、20世紀に生まれた「量子力学」と対をなす呼称です。日常生活で目にするような運動は、ほとんどが古典力学で記述できます。

日本のロケット打ち上げ場が、内之浦や種子島のように
緯度の低い場所に建てられているのはなぜ？

**❶ 寒いと燃料に点火させる
のが難しいため**

**❷ ロケットの部品工場が
赤道近くに多いため**

**❸ 地球の自転エネルギーを
発射に利用するため**

眠りがより浅い状態と
されているのはどちら？

❶ ノンレム睡眠
❷ レム睡眠

❸ 地球の自転エネルギーを発射に利用するため

解説

地球上では、自転軸から遠い位置にある場所ほど自転によって移動する速度が速くなります。赤道付近から東向きにロケットを打ち上げると、自転の速度を最大限利用することができるので、より効率的にロケットを飛ばせることになります。

そのため、特別な事情がない限りは、ロケットの発射場はなるべく赤道に近い低緯度の地域に建てられることが多いのです。

❷ レム睡眠

解説

レム睡眠の「レム（REM）」とは、急速眼球運動を表す「Rapid Eye Movement」の略です。レム睡眠の間、脳は覚醒状態に近いレベルではたらく一方で、体の筋肉は休んでいる状態になります。夢を見るのもレム睡眠の間です。一方、ノンレム睡眠のときには、大脳の活動は抑えられており、比較的深い眠りについている状態となっています。

レム睡眠とノンレム睡眠は約90分の周期で繰り返されるとされています。

感染症の原因菌であるペスト菌を発見した、
「日本細菌学の父」と呼ばれる細菌学者は？

1 志賀潔
2 北里柴三郎
3 野口英世

アーベル賞、ガウス賞、フィールズ賞といえば、
どんな学問分野の賞？

あれ、ちょっと
難しくなってきた
……？

1 経済学
2 医学
3 数学

❷ 北里柴三郎

解説

北里柴三郎は、ペスト菌の発見のほか、ジフテリアや破傷風の血清療法の確立など多大な業績を残し、第1回ノーベル生理学・医学賞の候補にもなりました。日本医師会の初代会長を務めるなど、後進の育成に力を入れたことでも知られます。

志賀潔は赤痢菌を発見した細菌学者です。千円札の肖像にもなっている野口英世は、黄熱病を研究した細菌学者です。2人とも、北里柴三郎のもとで研究を行っていました。

❸ 数学

解説

アーベル賞は、ノルウェー科学人文アカデミーが毎年授与する数学の賞。賞金は750万ノルウェー・クローネで、日本円に換算するとおよそ1億円にも上ります（2023年2月現在）。

ガウス賞とフィールズ賞は、いずれも4年に1度開かれる国際数学者会議で授賞式が行われます。

フィールズ賞には40歳以下という厳しい年齢制限があります。日本人ではこれまでに、小平邦彦・広中平祐・森重文の3人が受賞しています。

「コンピュータにおけるCPUの性能は
1年半〜2年で2倍になる」という経験則を何という？

❶ ムーアの法則
❷ ギルダーの法則
❸ メトカーフの法則

 科学　問題124　初級中級上級

小惑星「イトカワ」に名を残す、
「日本の宇宙開発の父」と呼ばれる工学者は？

❶ 糸川忠夫
❷ 糸川幸夫
❸ 糸川英夫

➤ 正解123

❶ ムーアの法則

解説

CPU(中央演算処理装置)の性能を示す半導体の集積密度が1年半〜2年で2倍になるという経験則は、これを予測したインテルの創始者ゴードン・ムーアにちなみ、ムーアの法則と呼ばれています。

ムーアの予測はほぼ当たり、50年以上にわたってコンピュータの性能は飛躍的に向上してきました。しかし、近年では微細加工の技術が原子レベルまで到達したため、ムーアの法則は限界を迎えつつあるという見方もあります。

➤ 正解124

❸ 糸川英夫

解説

糸川英夫(いとかわ・ひでお)は、国産初の固体ロケットである「ペンシルロケット」の発射実験に成功したことから、「日本のロケット開発の父」とも呼ばれます。

問題文にある小惑星「イトカワ」は、2003年に打ち上げられた日本の小惑星探査機「はやぶさ」の目的地となりました。「イトカワ」の名前は、糸川英夫にちなんで命名されました。

科学　問題125 初級 中級 上級

特許が切れた医薬品と同じ有効成分を含む
医薬品を何という？

❶ ジェネティック医薬品
❷ ジェネリック医薬品
❸ ジェネナル医薬品

 科学　問題126 初級 中級 上級

近年発見された「オウムアムア」や
「ボリソフ彗星」といえば、どんな特徴がある天体？

❶ 太陽系の惑星に衝突した
❷ 太陽系の外から飛来した
❸ 地球に流星群をもたらした

 科学　問題127 初級 中級 上級

英語で「sodium」という
元素は？

❶ ナトリウム
❷ カリウム
❸ カルシウム

正解125

❷ ジェネリック医薬品

解説

ジェネリック医薬品は、新薬の特許が切れた後に、新薬と効き目や安全性が同じであることが確かめられてから販売される医薬品。研究開発費などを抑えられるため、新薬に比べて安い値段で販売されています。

医療費の削減につながることから各国で取り入れられています。日本では全国平均で8割ほどのシェアがあります。

正解126

❷ 太陽系の外から飛来した

解説

2017年に発見されたオウムアムアと、2019年に発見されたボリソフ彗星は、ともに太陽系外から飛来したことが確認された天体です。

このような天体は「恒星間天体」と呼ばれ、なかでもボリソフ彗星は、主成分などが太陽系の彗星と似ている恒星間天体として注目を集めました。

正解127

❶ ナトリウム

解説

元素のナトリウムは英語で「sodium（ソディウム）」といいます。水酸化ナトリウムの別名「苛性ソーダ」からも推測できるかもしれません。また炭酸水素ナトリウムは「重炭酸ソーダ」「重曹」とも呼ばれ、クエン酸などの酸と反応させると炭酸ガスが発生します。これなら炭酸水を「ソーダ水」と呼ぶのも納得です。

ちなみにカリウムは英語で「potassium（ポタシウム）」といいます。もとをたどればpottasiumは「pot（鉢）」と「ash（灰）」からできています。灰の主成分はカリウムなので、非常にわかりやすいですね。

インプラントやピアスなどに利用される、
元素記号Tiで表される元素は？

❶ チタン
❷ ツリウム
❸ テルル

1億8千万年後の地球の1日は、
今より長い？短い？

❶ 短い
❷ 長い

次のうち、
最も気温が高いのは？

❶ 地上5km
❷ 地上50km
❸ 地上500km

正解128
❶ チタン

解説

チタンは原子番号22、元素記号Tiの元素です。軽くて錆びにくい特性から、ゴルフクラブやメガネのフレームなどに利用されています。また、人体への害が小さく、インプラントやピアス、人工関節などに使われます。

また、酸素との化合物である酸化チタンは、光を遮断するはたらきを生かし、化粧品や広辞苑の紙などに利用されています。このように、チタンは様々な用途で私たちの生活を支えています。

正解129
❷ 長い

解説

潮の満ち引きによる海水と海底の摩擦が原因で、地球の自転は長期的に見ると遅くなっていき、1日は長くなっていきます。

なお、自転周期の長さは5万年に1秒長くなる程度であり、日常生活で感じ取ることができるレベルではありません。しかし、このペースで自転周期が長くなり続けた場合、1億8千万年後には1日が25時間になってしまいます。

正解130
❸ 地上500km

解説

地球の大気は、高度が低い方から順に対流圏、成層圏、中間圏、熱圏の4つに分類されます。気温は、高度が上がるにつれ、対流圏では下降、成層圏では上昇し、中間圏で一度下がった後、熱圏で再び上がります。

地上500kmは、このうちの「熱圏」にあたる高さです。この高さでは気温は700℃にも達し、気圧が極端に低く、真空に近い環境が広がっています。寒い地域で見られるオーロラが発生するのもこの熱圏で、太陽から飛んできた荷電粒子が空気中の分子に衝突することで光を放っています。

精錬に大量の電気が必要であり、
「電気の缶詰」とも呼ばれる金属は？

❶ 鉄
❷ 銅
❸ アルミニウム

太陽系で「直径が最大の衛星」と「直径が最小の惑星」、
大きいのはどちら？

❶ 最大の衛星
❷ 最小の惑星

北極点と南極点。
より平均気温が低いのはどちら？

❶ 北極点
❷ 南極点

正解131

❸ アルミニウム

解説

アルミニウムは、精錬に大量の電気が必要なことから「電気の缶詰」とも呼ばれます。自然に得られるアルミニウムは酸素と非常に強く結びついているため精錬が難しく、19世紀頃までは金や銀よりも高価な金属として扱われていました。

しかし、一度精錬したアルミニウムは、溶かすことで簡単に再利用することができます。アルミニウムのリサイクルにかかる電力は、原料のボーキサイトから同量のアルミニウムを精錬するために必要な電力のわずか3%ほどです。そのため、多くの自治体や企業によってアルミニウムの再利用が呼びかけられています。

正解132

❶ 最大の衛星

解説

木星の第3衛星であるガニメデは、直径約5280kmと、太陽系で最大の衛星です。対して、太陽系最小の惑星である水星の直径はおよそ4880kmと、ガニメデより小さいです。しかし、ガニメデの質量は水星の半分もありません。この質量の違いは、星の構成成分に起因します。ガニメデは表面が分厚い氷に覆われていて、その氷が全体の質量のおよそ半分を占めています。一方、水星は主に岩石や金属で構成される地球型惑星であるため、ガニメデよりもずっと密度が大きいのです。

正解133

❷ 南極点

解説

南極点の平均気温はおよそマイナス50℃と、北極点より圧倒的に低いです(北極点の平均気温は、マイナス6.2℃やマイナス18℃というデータがあります)。南極地域の方が平均気温が低くなる理由は、主に2つあります。ひとつは、南極地域の標高が非常に高いためです。北極地域の平均標高がせいぜい数mなのに対し、南極大陸の平均標高は平均で約2500mにもなります。地表付近では、標高が高いほど気温は低くなります。もうひとつは、北極地域は大部分が海であるのに対し、南極地域は大部分が陸であるためです。陸地は海水と比較して冷えやすいので、平均気温は低くなります。陸地のなかでも内陸部は特に冷えやすく、実際、世界最低気温であるマイナス89.2度が観測されたボストーク基地は、南極大陸の内陸部に位置しています。

道路の舗装などに使われる
アスファルトの原料は？

❶ 石油
❷ 天然ゴム
❸ 粘土

月でも地震は発生する。○か×か。

❶ ○
❷ ×

気象予報で耳にする「冬型の気圧配置」。
高気圧になっているのは、日本のどちら側？

❶ 東
❷ 西

正解134

❶ 石油

解説

アスファルトは石油を蒸留した際に最後まで残る黒色の物体です。防水性に富み、高温で軟らかくなる性質を利用して、加熱しながら砂などと練り混ぜたものが道路の舗装材として用いられます。

古くなったアスファルトは、粉砕したあと、特殊な処理を施すことで再利用が可能になります。日本では、アスファルトのリサイクル率は99%ほどとなっています。

正解135

❶ ○

解説

月でも地震は発生します。月で発生する地震のことを月震(moonquake)といい、1969年にアポロ11号が月面に設置した地震計で初めて観測されました。月震は、月の内部構造を知る重要な手がかりになります。

月震と地球で起こる地震には、いくつか違いがあります。たとえば、月震の多くは深さ900km前後の地点で発生しますが、地球の地震はもっと浅い場所が震源となります。また、月震には、隕石の衝突によって起こるもの、昼夜の温度差によって起こるものもあります。原因がはっきりわかっていないものもあります。

正解136

❷ 西

解説

冬はユーラシア大陸北東部にシベリア気団が発達し、日本から見て西側の地域が東側の地域よりも高気圧になる「西高東低」の気圧配置がよくみられます。気象予報などでいう冬型の気圧配置とは、この西高東低の配置のことです。

西高東低の気圧配置は、北寄りの季節風を日本にもたらします。その結果、日本海側では雪が降り、太平洋側では乾いた冷たい風が吹くことが多くなります。

「あらゆる地図上の隣り合う区画を異なる色で塗り分けるには、最低何色が必要か？」という数学の問題は？

❶ 三色問題
❷ 四色問題
❸ 五色問題

東京スカイツリーの展望台での時間の進み方は、地上と比べてどうなっている？

❶ 速くなる
❷ 遅くなる

「天文単位」は何を表す単位？

❶ 速度
❷ 距離
❸ 時間

正解137

❷ 四色問題

解説

「四色問題」とは、1850年代初めに提起された数学の問題です。

1879年にはイギリスの弁護士ケンプが四色問題の証明を発表しますが、11年後に誤りを指摘されてしまいました。

その後、1976年にアメリカの数学者のアッペルとハーケンが、コンピュータを用いて「4色あればどんな地図でも塗り分けられる」と証明しました。

正解138

❶ 速くなる

解説

アインシュタインの一般相対性理論によると、時間は重力が大きいほどゆっくりと進みます。地球上では標高が高い場所ほど重力が小さくなるため、東京スカイツリーの展望台では時間の進み方が速くなることがわかります。

2018〜19年には、東京大学や理化学研究所からなる研究グループが東京スカイツリーの展望台で実験を行い、一般相対性理論から導けるこの現象を実証しました。高精度な「光格子時計」を用いたこの研究では、スカイツリーの展望台は地上に比べて、24時間あたり約4ナノ秒（約10億分の4秒）速く時間が進んでいることが確認されました。

正解139

❷ 距離

解説

天文単位（astronomical unit）は、約1億5000万kmを1とする距離の単位です。

1天文単位の値は、地球と太陽の間の平均距離とほぼ同じです。

血液型がAB型の父親と、O型の母親の間に
子供が生まれました。一般的に、
この子供の血液型としてあり得るのは、次のうちどれ？

❶ A型またはB型
❷ O型
❸ AB型

英語で「prime number」
というのは？

❶ 自然数
❷ 奇数
❸ 素数

花粉症に効く「アレグラ」や「アレジオン」。
次のうち、主にどの物質のはたらきを抑える薬？

❶ アドレナリン
❷ ドーパミン
❸ ヒスタミン

正解140

❶ A型またはB型

解説

「ABO式血液型」において、ヒトの血液型はA型、B型、AB型、O型の4種類に分類されます。これをさらに「遺伝子型」で見てみると、A型は「AA」か「AO」、B型は「BB」か「BO」、AB型は「AB」、O型は「OO」となります。

この問題の場合、父と母の遺伝子型はそれぞれ「AB」「OO」となるので、子供の遺伝子型として一般的にあり得るのは「AO」「BO」です。そのため、血液型はA型またはB型となります。

正解141

❸ 素数

解説

素数のことを英語ではprime numberといいます。素数とは、1より大きい整数のうち、1とその数自身以外に約数をもたないもののこと。

primeという単語には「第一の」や「最も重要な」といった意味があります。1以外の正の整数は素数の掛け合わせで表現できます。

ちなみに、奇数はodd number、偶数はeven number、自然数はnatural numberといいます。

正解142

❸ ヒスタミン

解説

花粉症は、スギなどの花粉に対するアレルギー反応です。花粉が体内に侵入してきたとき、これを排除しようとして肥満細胞という細胞からヒスタミンなどの物質が放出されます。このようにして放出されたヒスタミンが受容体と結合することで、鼻水やくしゃみなどの炎症反応が引き起こされると考えられています。

アレグラやアレジオンなどの抗ヒスタミン薬は、ヒスタミンが作用する機構を抑制することで、花粉症の症状を改善します。

水の密度が最大となる温度として適切なのは、
次のうちどれ？

❶ 約4℃
❷ 約0℃
❸ 約ー4℃

生物が体外環境などの変化に対応して、体内環境を
一定の状態に保とうとする性質のことを何という？

❶ アナスタシス
❷ ホメオスタシス
❸ イコノスタシス

動物細胞と植物細胞のうち、
細胞壁をもつのはどちら？

❶ 動物細胞
❷ 植物細胞

正解143

❶ 約4℃

解説

自然界の物質の多くは温度が下がるにつれて体積が減少し、密度は大きくなります。しかし、身近な物質である水は例外で、3.98℃で密度が最大となります。

・他の物質と同様、温度を下げると体積が減少し、密度が大きくなる
・水の温度を下げて氷ができてくると、分子の間に「水素結合」という結合を形成する箇所が増えてくることで、部分的にすきまの多い構造ができ、密度が小さくなる
以上の相反する2つの現象の兼ね合いにより、3.98℃で密度が最大になるのだと考えられています。

正解144

❷ ホメオスタシス

解説

日本語では「恒常性」と訳されるホメオスタシスとは、体温や血圧、体液濃度などの体内状態を、気温などの外的環境の変化や姿勢・運動などの身体的変化にかかわらず安定させる性質やそのはたらきのことを指します。

ホメオスタシスは主に、内臓のはたらきなどを無意識のうちに調節する自律神経やホルモン、体内に侵入しようとする異物の排除を担う免疫によって実現されています。このようなはたらきにより、生物はその生命を維持しているのです。

正解145

❷ 植物細胞

解説

セルロースなどでできた細胞壁は、細胞の最外層を覆っています。細胞壁には、細胞を保護する、細胞の形を保つなどの役割があります。一方で、動物細胞には、細胞壁がありません。

植物細胞は他にも、発達した液胞、光合成を行う葉緑体などの特徴的な構造をもっており、動物細胞とは多くの違いがみられます。

1954年にスイスのジュネーブ近郊に設立された
「欧州原子核研究機構」のことを、
アルファベット4文字の略称で何という？

❶ CERN
❷ KEKK
❸ LLNL

放射線を受けたとき、
どれだけ人体に影響が出るかを示す単位は？

❶ ベクレル
❷ グレイ
❸ シーベルト

論文や書籍などの学術文献へのアクセスに特化している、
Googleが提供する検索サービスは？

❶ Google Academia
❷ Google Scholar
❸ Google Corpus

正解146

❶ CERN

解説

欧州原子核研究機構はアルファベット4文字で「CERN(セルン)」とも呼ばれます。これは、前身となった組織の名前「Conseil européen pour la recherche nucléaire」の略です。

フランス、スイス、イギリスなどヨーロッパの12ヵ国が共同で設立した素粒子物理学の研究機関で、中央研究所はスイスのジュネーブ郊外にあります。地下にはフランスとの国境をまたぐ世界最大の粒子加速器「LHC」があり、これは全周およそ27kmもの規模を持ちます。また、ワールド・ワイド・ウェブ(WWW)の仕組みを開発するなど、原子核・素粒子以外の分野でも業績を挙げています。

正解147

❸ シーベルト

解説

シーベルト(Sv)は、スウェーデンの物理学者に名を由来する単位です。数値が大きいほど、放射線が人体に与える影響が大きい、ということになります。我々は日常生活でも、食べ物や大地、宇宙などから、年間で2ミリシーベルトほどの放射線を受けています。

また、医療機関でCTを撮影したときの被ばく量は、2-30ミリシーベルトほどとされています。これだけを聞くと多いようにも思えますが、100ミリシーベルト以下の被ばくでは人体への悪影響はほとんどないといわれています。ベクレル(Bq)は放射性物質が放射線を出す能力(放射能)を表す単位、グレイ(Gy)は放射線のエネルギーが物質にどれだけ吸収されたかを示す単位です。

正解148

❷ Google Scholar

解説

Google Scholar(グーグル・スカラー)は、学術的なあらゆる分野の論文や雑誌、出版物を検索できるサービスです。

レポートや論文を書く際、参考文献・先行研究を探すのにとても重宝されます。

宇宙誕生から約38万年後に、
光が宇宙を直進できるようになった出来事は？

❶ 宇宙の晴れ上がり
❷ 宇宙の透き通り
❸ 宇宙の澄み渡り

「生物の進化は、自然選択に有利でも不利でもない
変異が集団内に蓄積して起こる」とする説は？

❶ 用不用説
❷ 中立説
❸ 天変地異説

薬を脳へ届ける際の難所である
「血液脳関門」を指す言葉は？

❶ AAA
❷ BBB
❸ CCC

---------------- ▶

正解149

❶ 宇宙の晴れ上がり

解説

初期の宇宙は非常に温度が高く、陽子や電子といった粒子が高速で飛び交っていました。この飛び交う電子に邪魔されるせいで光はまっすぐ進むことができず、宇宙は不透明で曇った状態だったと考えられています。しかし、宇宙の誕生から約38万年後、宇宙の温度が下がるとともに陽子と電子が結合したことで、光は電子に邪魔されずにまっすぐ進むことができるようになりました。この出来事を「宇宙の晴れ上がり」といいます。実は、このときまっすぐ進めるようになった光は、今は電波として観測することができます。この電波を「宇宙背景放射」といいます。宇宙背景放射には宇宙の晴れ上がり時点の宇宙の物理状態が保存されており、詳しく研究することで宇宙の成り立ちの謎の解明に近づくと考えられています。

---------------- ▶

正解150

❷ 中立説

解説

生物がもつ遺伝子には、どのような遺伝子であるか、遺伝子がどんな場所にあるかに関係なく、一定の確率で突然変異が起こります。ダーウィンが提唱した「自然選択説」では、生存に有利な変異は種全体に広まり、不利な変異は消失していくとされています。中立説では、自然選択される変異のほかにも、生存に有利でも不利でもない変異（中立的な変異）が数多く発生しており、それらが集団内に偶然広まることが進化の主要因である、と考えられています。用不用説は、生物がよく使う部分は発達し、使わない部分は退化する、そして、そうして得られた獲得形質が遺伝することで進化が起こる、と考える説です。天変地異説は、天変地異によって大量の生物が絶滅し、生き残った生物が広まることによって進化が起こった、とする説です。

---------------- ▶

正解151

❷ BBB

解説

血液脳関門は、脳の血管と脳細胞の間に存在する、物質の輸送を厳密に制限する機構です。英語ではBBB（Blood-brain barrier）と略して呼ばれます。神経細胞のはたらきに必要なアミノ酸やグルコースといった物質のみを透過し、脳に有害な物質は取り入れないようにすることで、脳内の環境を一定に保つ、という非常に大切な役割を担っています。一方で、有益にはたらく多くの薬剤もシャットアウトしてしまうため、脳を対象とした治療においては非常に大きな障壁となっています。そのため、どのようにすれば薬剤が血液脳関門を突破できるのか、といった内容の研究も行われています。

実験を生体内で行うことを
指す言葉は？

❶ in vitro
❷ in vivo
❸ in silico

化合物の命名などを行う機関
「国際純正・応用化学連合」の略称は？

❶ IUPAC
❷ IUCN
❸ IEEE

「フライ・セール予想」や「谷山・志村予想」が
証明に役立てられた、数学の難問は？

❶ リーマン予想
❷ ABC予想
❸ フェルマーの最終定理

正解152

❷ in vivo

解説

in vivo、in vitro、in silicoは、いずれも科学実験で用いられる実験環境を指す言葉です。in vivoとin vitroはラテン語の言葉、in silicoはラテン語由来の造語です。in vivoには「生体内で」という意味があり、マウスの体内に薬物を注入するなどして生体反応を確認するような、生体内で行う実験環境を指します。in vitroには「試験管の中で」という意味があり、人工的に作られた環境である培地や試験管を用いた実験環境を指します。in silicoは、in vivoやin vitroに対応させて作られた造語で、「シリコンの中で」という意味があります。この言葉は、コンピュータを用いて行う仮想上の実験を指し、これはコンピュータに使われる部品にシリコンが使われることに由来します。

正解153

❶ IUPAC

解説

IUPACの正式名称は「International Union of Pure and Applied Chemistry」で、日本語には「国際純正・応用化学連合」と訳されます。IUPACは化学に関する国際機関で、化合物の命名方法や原子の原子量など、国際的に統一しなければならない事柄を協議して定めています。

IUCN（International Union for Conservation of Nature）は国際的な自然保護ネットワークで、絶滅危惧種を掲載したレッドリストの発行などを行っています。IEEE・アメリカ電気電子学会（Institute of Electrical and Electronics Engineers）は、コンピュータや通信といった分野における規格の標準化を行っています。

正解154

❸ フェルマーの最終定理

解説

フェルマーの最終定理は、17世紀にフランスの数学者・フェルマーによって提唱された「nを3以上の自然数とするとき、$x^n+y^n=z^n$を満たす自然数x,y,zの組は存在しない」という定理です。この定理が予想の形で提唱されてから多くの数学者が証明に挑戦してきましたが、300年以上もの間未解決となっていました。フライ・セール予想によって、谷山・志村予想の証明がフェルマーの最終定理の証明につながると示され、さらに楕円曲線・モジュラー形式の問題に置き換えられました。そして、最終的には1994年にアンドリュー・ワイルズが谷山・志村予想を証明するという形でフェルマーの最終定理を証明しました。

科学 問題155

細胞分裂のたびに短くなることから
「命の回数券」と形容される、染色体の末端にある構造は?

❶ テロメア
❷ クリステ
❸ グラナ

 科学 問題156

火成岩を化学組成に基づいて分類する際に
基準となる物質は?

❶ 塩化カルシウム (CaCl2)
❷ 二酸化ケイ素 (SiO2)
❸ 炭酸ナトリウム (Na2CO3)

科学 問題157

次のうち、不正アクセス手段の
「ソーシャルエンジニアリング」に当てはまるのは?

❶ コンピュータを用いずに情報を盗み出す
❷ SNSのアカウントを乗っ取る
❸ フリーWi-Fiによる通信を傍受する

正解155

❶ テロメア

解説

生物がもつDNAは細胞の核内で折り畳まれており、この折り畳まれたものを「染色体」といいます。テロメアは染色体の末端を保護する構造で、特定の塩基配列とタンパク質で構成されています。具体的には、細胞分裂の際にエラーが生じることやDNAが傷つくことを防ぐなどの役割があります。テロメアは、細胞の中に核をもつ真核生物にのみ存在する構造です。

テロメアは細胞分裂のたびに短くなっていき、最終的にはDNA鎖の先端がむき出しになってしまいます。そうなると、細胞はそれ以上分裂することができなくなります。テロメアの短縮は加齢によって生じ、心筋梗塞や認知症といった病気との関連性も指摘されています。

正解156

❷ 二酸化ケイ素（SiO2）

解説

火成岩は二酸化ケイ素（SiO2）の含有割合によって、超塩基性岩・塩基性岩・中性岩・酸性岩の4つに分類されます。含まれている二酸化ケイ素（SiO2）の割合が多いほど、火成岩の色は白っぽくなります。火成岩の化学組成は、もととなるマグマの組成によって異なります。また、マグマの組成によって、形成される火山の形も異なるものになります。二酸化ケイ素（SiO2）の割合が小さいマグマは粘性が小さく流れやすいため、溶岩は広範囲に広がって傾斜の小さな火山を形成します。それに対して、二酸化ケイ素（SiO2）の割合が大きいマグマは粘性が大きく流れにくいため、溶岩はあまり広がらず傾斜が急な火山を形成します。

正解157

❶ コンピュータを用いずに情報を盗み出す

解説

ソーシャルエンジニアリングとは、コンピュータシステムに侵入するために必要な情報を、情報通信技術を用いずに盗み出す方法のことです。代表的な例である「ショルダーハッキング」は、他人が重要な情報を入力しているところに後ろから近づいてのぞき見る方法です。たとえ慣れた場所で行う作業でも、パスワードなど重要な情報を入力する際には周りに注意するようにしましょう。それ以外にも、ゴミ箱に捨てられた資料の中から情報を探し出す「トラッシング」といった手口もあります。ソーシャルエンジニアリングは、人の心理的な隙やミスを突いてくる点が特徴です。「自分だけは大丈夫」などと思わずに、日ごろから周りに注意することが大切です。

「人間を超える知能をもつAIが誕生したときに
生じ得る様々な問題」を指す言葉は？

❶ 2045年問題
❷ 2055年問題
❸ 2065年問題

鎌倉時代に著された『明月記』に記述のある「赤気」とは、
どんな自然現象と考えられている？

❶ 流れ星
❷ オーロラ
❸ 金環日食

現実世界のデータを
サイバー空間の中で再現する技術は？

❶ デジタルコピー
❷ デジタルツイン
❸ デジタルリバイバル

正解158
❶ 2045年問題

解説

2045年問題とは、AIが人間の知能を超えることにより生じ得る予測不可能な事態や、それによる影響のことを指します。この言葉は、人工知能研究の世界的権威であるレイ・カーツワイル博士が「AIなどの知性や能力が人類を超え、人間社会に大きな変化が訪れるシンギュラリティ（技術的特異点）が2045年に訪れる」と述べたことから生まれました。AIは今や多分野で活躍しており、我々の生活から切っても切れない存在となりました。しかし、人間の多くの仕事がAIに取って代わられる可能性があるということも示唆されています。ある調査では、これから10年ほどで日本の約1660万人の雇用がAIに取って代わられる可能性があると示されています。

正解159
❷ オーロラ

解説

鎌倉時代に藤原定家が著した『明月記』には「1204年2月21日に京都の夜空に『赤気』が現れ、火事のような様子だった」などといった内容の記述があります。しかし、日本でオーロラが見られることなんてあるのでしょうか。オーロラが頻繁に現れるのは高緯度地域で、日本からの観測は非常に難しいはずです。そこで、現代の観測データから推測すると、『明月記』に書かれている当時は大きな磁気嵐が何度も発生する「連発巨大磁気嵐」が起こっていたと考えられます。大きな磁気嵐のときには、日本のような緯度の高くない地域でもオーロラが観測されることが知られています。また、記述のある1200年ごろは地磁気の軸が今とは逆である日本の方へ傾いており、過去2000年間の日本で最もオーロラが観測しやすい時期であったことも明らかになりました。

正解160
❷ デジタルツイン

解説

デジタルツインとは、現実世界から集めたヒト・モノ・コトなど様々なデータをコンピュータ上で再現する技術のことです。現実空間とそっくりな双子（ツイン）をサイバー空間上に作り出すため、デジタルツインと呼ばれます。これにより、限りなく現実に近い物理的なシミュレーションをサイバー空間上で行うことが可能となります。また、現実世界で実現したいことを事前にデジタルツイン上でテスト運営することで、開発期間やコストの削減が見込めます。このように、サイバー空間上で最適な方法を導き出した後、それを現実空間にフィードバックすることで、社会やビジネスプロセスを進化させることができると考えられており、注目を集めています。

疑似科学や誤った
科学的知識も多い世の中。
科学への理解は深めて
おいた方がいいね。

Part4

芸術・文学

難しいイメージがあるかもしれないけれど、
クイズで親しんじゃおう！

3年に1度開かれる
芸術祭を何という？

❶ ビエンナーレ
❷ トリエンナーレ
❸ カドリエンナーレ

剣道や茶道における
修行の段階を表した言葉は？

❶ 守破離
❷ 守離破
❸ 破離守

❷ トリエンナーレ

解説

「トリエンナーレ」には、イタリア語で「3年目ごとの」という意味があり、転じて3年ごとに開催される美術展覧会を指します。定期的に催される美術展覧会は、その開催頻度で以下のように呼ばれています。

2年ごと:ビエンナーレ
3年ごと:トリエンナーレ
4年ごと:カドリエンナーレ
2022年、日本では「あいち2022」や「瀬戸内国際芸術祭2022」などのトリエンナーレが開催されました。

❶ 守破離

解説

「守破離」とは、剣道や茶道における修行の段階を言い表した言葉です。

それぞれの漢字が1つの段階を指しており、「守」は師匠や流派の教えを守り身につける段階、「破」は他の師匠や流派の教えに触れて心技を発展させる段階、「離」はひとつの流派から離れて独自の新たなものを生み出す段階を表しています。これらを「守→破→離」の順で成し遂げることが、修行の望ましい姿であるとされています。

「クラムボンはかぷかぷわらったよ。」という
オノマトペを使った一節が印象的な、宮沢賢治の小説は？

❶『やまなし』
❷『オツベルと象』
❸『よだかの星』

文豪・森鷗外が軍医として留学し、
『舞姫』などの作品で舞台とした国は？

❶ ドイツ
❷ アメリカ
❸ イギリス

❶ 『やまなし』

解説

「かぷかぷ」と笑うクラムボンが登場する小説は、宮沢賢治の『やまなし』です。作中ではクラムボンの正体が明らかになっておらず、読んだ人の想像をかきたてる物語として長年愛されています。題名にもなっている「やまなし」は、作中でカニの親子が見つける果物のヤマナシのことです。

『よだかの星』と『オツベルと象』も宮沢賢治の作品です。独特なオノマトペが多い宮沢賢治の作品は、小学生や中学生のときに国語の授業で読んだ方もいるのではないでしょうか。

❶ ドイツ

解説

文豪・森鷗外は、1884年から約4年間ドイツに軍医として留学し、医学・衛生学を学びながら文学にも親しみました。

帰国後も医学・文学の両面で活躍し、1890〜1891年にかけては『舞姫』『うたかたの記』『文づかひ』の小説三部作を発表して文壇に新しい風を吹き込みました。この3作は、いずれもドイツを舞台としていることから「ドイツ三部作」とも呼ばれています。

クリスマスシーズンの公演も有名な、
チャイコフスキー作曲のバレエ作品は？

❶『白鳥の湖』
❷『眠れる森の美女』
❸『くるみ割り人形』

小説『レ・ミゼラブル』。
タイトルにはどんな意味がある？

❶ 悲惨な人々
❷ 勇気ある人々
❸ 美しき人々

❸ 『くるみ割り人形』

解説

『くるみ割り人形』は、クリスマス・イブにくるみ割り人形をプレゼントされた少女・クララを主人公とする作品。『眠れる森の美女』『白鳥の湖』とともに「チャイコフスキーの三大バレエ」に数えられます。

世界各国のバレエ団がクリスマスに合わせて12月に上演することが多く、日本ではKバレエカンパニーの公演などが有名です。

❶ 悲惨な人々

解説

『レ・ミゼラブル(Les Misérables)』は、フランスの作家ヴィクトル・ユーゴーが著した小説です。

パンをひとつ盗んで投獄されていたジャン・バルジャンを主人公に、フランス革命後の時代に翻弄される人々を描いた作品です。

映画やミュージカルにもなっており世界的に人気が高く、劇中歌『民衆の歌』は聞いたことがある人も多いのではないでしょうか。

命日の9月19日が
「糸瓜(へちま)忌」と呼ばれる俳人は？

❶ 松尾芭蕉
❷ 種田山頭火
❸ 正岡子規

虎になってしまった李徴(りちょう)を主人公とする、
中島敦の小説は？

学校の授業で
読んだかも！

❶『光と風と夢』
❷『山月記』
❸『文字禍』

正解167

❸ 正岡子規

解説

正岡子規は俳句雑誌『ホトトギス』の創刊を支援し、「近代俳句の祖」ともいわれる俳人です。忌日の「糸瓜忌」は彼の絶筆となった句に由来しています。また、雅号から獺祭（だっさい）忌と呼ばれることもあります。

松尾芭蕉は、紀行『奥の細道』が有名な江戸時代の俳人です。命日の旧暦10月12日は「時雨忌」などと呼ばれます。種田山頭火は「分け入つても分け入つても青い山」などの句を残し、自由律俳句を確立した明治〜昭和期の人物。命日の10月11日は、亡くなった庵の名から「一草忌」と呼ばれます。

正解168

❷ 『山月記』

解説

『山月記』は1942年に発表された中島敦の短編小説です。しばしば国語の教科書にも掲載されています。中島敦は昭和時代に活躍した小説家で、漢文調の文章を用いた作風で知られています。

『山月記』は、主人公の李徴が行方不明になったところから物語が始まります。彼の旧友である袁傪（えんさん）は、道中で遭遇した虎の正体が李徴であることに気付き、彼に「その声は、我が友、李徴子ではないか？」と話しかけます。李徴は袁傪とひとしきり会話をしたあと、漢詩を残して去っていきました。

低い位置にカメラを固定する「ロー・ポジション」を好んだ、
代表作に『東京物語』がある映画監督は？

❶ 岡本喜八
❷ 大島渚
❸ 小津安二郎

『スワン家の方へ』から『見出された時』までの7編からなる、
フランスの作家・プルーストの長編小説は？

❶ 『悲しみよこんにちは』
❷ 『失われた時を求めて』
❸ 『ルーゴン・マッカール叢書』

正解169

❸ 小津安二郎

解説

小津安二郎は、『晩春』や『東京物語』など、家族の関係や人生の機微を主題とした映画でメガホンをとった人物です。カメラを低めの位置に置きそのまま首を振らないロー・ポジションの撮影スタイルや、静かな会話のやりとりを主とした物語、伝統的な日本の美へのこだわりなど、その独自の美学は「小津調」と呼ばれています。

海外でも彼の人気は非常に高く、2012年にイギリスの権威ある映画雑誌『Sight & Sound』が発表した「映画監督358人が投票する史上最高の映画」では『東京物語』が第1位に選ばれました。

正解170

❷ 『失われた時を求めて』

解説

『失われた時を求めて』は、フランスの作家マルセル・プルーストの長編小説。1913年刊行の『スワン家の方へ』から1927年刊行の『見出された時』までの全7編からなり、非常に長く難解な作品として知られています。

自らの意志と関係なくよみがえる「無意志的記憶」が作品全体の重要なテーマであり、紅茶とマドレーヌをきっかけに幼少期の回想に入る第1編第1部のシーンも有名です。

漫画家・手塚治虫が就くかどうか悩み、
資格も取得していた職業は？

❶ 医師
❷ 弁護士

米軍基地の近くに住む若者たちの姿を描いた、
村上龍の小説は？

❶『限りなく透明に近いブラック』
❷『限りなく透明に近いブルー』
❸『限りなく透明に近いピンク』

正解171

❶ 医師

解説

手塚治虫は、日本漫画界の礎を築いたともいわれる偉大な漫画家です。『鉄腕アトム』『ジャングル大帝』『ブラック・ジャック』などの作品で知られています。彼は若い頃、大阪大学で医学の道を志す学生でありながら、漫画家としてデビューを果たし、二足のわらじを履く忙しい生活を送っていました。在学中から医師と漫画家のどちらの道に進むか悩んでおり、国家試験に合格して医師免許を取得したものの、結局は既に軌道に乗っていた漫画家としての道を選びました。しばしば「生命の尊厳」「人間の価値」といったテーマを扱う手塚作品は、こうした医師としてのバックグラウンドと関係があるともいわれています。

正解172

❷ 『限りなく透明に近いブルー』

解説

村上龍の小説『限りなく透明に近いブルー』は、1976年の第75回芥川賞を受賞した、彼の代表作です。

東京・福生（ふっさ）にある米軍基地近くのアパートを舞台に、そこに集まってくる様々なバックグラウンドを持つ若者たちが、享楽的で乱れた生活を送る姿を描いています。

アメリカ南部の街・ニューオーリンズで生まれた
音楽のジャンルは？

❶ カントリーミュージック
❷ ジャズ
❸ ヒップホップ

芥川賞と直木賞を創設した、
代表作に『父帰る』や『恩讐の彼方に』がある小説家は？

❶ 久米正雄
❷ 菊池寛
❸ 志賀直哉

❷ ジャズ

解説

独自のリズム感と即興性を特徴とするジャズは、19世紀末にアメリカ南部の街・ニューオーリンズで、黒人の民俗音楽と白人のヨーロッパ由来の音楽が融合して生まれました。

ちなみに、20世紀を代表するジャズ・トランペット奏者、ルイ・アームストロングもニューオーリンズの出身です。

正解174

❷ 菊池寛

解説

菊池寛は大正・昭和時代の作家で、同級生に同じく作家の芥川龍之介や久米正雄(くめ・まさお)らがいます。

作家としてだけではなく、出版・映画業界でも活躍し、雑誌『文藝春秋』を創刊しました。また、芥川賞・直木賞・菊池寛賞などを創設して新人の育成につとめ、「文壇の大御所」と呼ばれました。

『時計』『告別』『驚愕』など多くの交響曲を残し
「交響曲の父」と称される作曲家は？

❶ ハイドン
❷ シューベルト
❸ バッハ

『七人の侍』『羅生門』で知られる
日本の映画監督は？

覚えておきたい
名前がいっぱい
ある……

❶ 黒澤明
❷ 小津安二郎
❸ 大島渚

正解175

❶ ハイドン

解説

「交響曲の父」ことハイドンは、問題文で挙げたもののほかにも『軍隊』『太鼓連打』など、生涯に100曲以上の交響曲を残しました。

『皇帝』などの弦楽四重奏曲や『天地創造』などのオラトリオも有名です。

正解176

❶ 黒澤明

解説

「世界のクロサワ」として知られる黒澤明。こだわり抜いた映像は、スティーブン・スピルバーグやジョージ・ルーカスなど、世界の名だたる映画監督たちに影響を与えました。

小説『女の一生』や『脂肪の塊』で知られる、
フランスの作家は？

❶ ボードレール
❷ モーパッサン
❸ スタンダール

小説『罪と罰』『カラマーゾフの兄弟』などを著した、
ロシアの作家は？

❶ ツルゲーネフ
❷ トルストイ
❸ ゴーリキー
❹ ドストエフスキー

正解177

❷ モーパッサン

解説

ギ・ド・モーパッサンはフランス自然主義の代表的な作家で、田山花袋(たやま・かたい)や島崎藤村など日本の自然主義作家らにも影響を与えました。

スタンダールは小説『赤と黒』で知られる作家、ボードレールは詩集『悪の華』で知られる詩人で、ともにフランス出身です。

正解178

❹ ドストエフスキー

解説

ドストエフスキーは19世紀ロシアを代表する小説家です。「魂のリアリズム」などと呼ばれる独特な心象描写が特徴的で、他に『白痴』『悪霊』などの作品を残しています。

他の3人も同じくロシアの作家で、トルストイは『戦争と平和』、ツルゲーネフは『初恋』、ゴーリキーは『どん底』などの作品が有名です。

代表作に『地球幼年期の終わり』『2001年宇宙の旅』がある、
イギリスのSF作家は？

❶ アーサー・C・クラーク
❷ アイザック・アシモフ
❸ ロバート・A・ハインライン

児童文学『はてしない物語』
『モモ』の作者は？

❶ ロアルド・ダール
❷ ラドヤード・キップリング
❸ ミヒャエル・エンデ

❶ アーサー・C・クラーク

解説

正解はアーサー・C・クラーク。不朽の名作『2001年宇宙の旅』は巨匠スタンリー・キューブリックによって映画化もされました。

アイザック・アシモフ、ロバート・A・ハインラインとともに「三大SF作家」と称されることもあります。

❸ ミヒャエル・エンデ

解説

ミヒャエル・エンデは、ドイツの児童文学作家。1989年に、自身の作品の翻訳者だった佐藤真理子と結婚しています。代表作『はてしない物語』は、読書が好きな主人公のバスチアンが本の世界で冒険を繰り広げる、という内容。『ネバーエンディング・ストーリー』のタイトルで映画化もされましたが、作者は映画のクオリティに不満を覚え、クレジットから名前を削除させています。『モモ』は、「灰色の男たち」によって盗まれた時間を少女のモモが取り返す、という筋の作品。選択肢のラドヤード・キップリングは『ジャングル・ブック』、ロアルド・ダールは『チョコレート工場の秘密』が有名です。

中世ヨーロッパを舞台に、命がけで地動説を研究する
人間たちの姿を描いた、魚豊(うおと)による漫画は?

❶『**チ。—地球の運動について—**』
❷『**テ。—天体の運動について—**』
❸『**ウ。—宇宙の運動について—**』

サッカーのルールでは、ゴールキーパーが
得点することはできない。〇か×か。

❶ ○
❷ ×

この答え、
知ってる?

❶『チ。—地球の運動について—』

解説

15世紀のヨーロッパでは地球が宇宙の中心にあるという考え（天動説）は教会によって権威づけられていたため、地動説を唱えることは異端とされ、迫害や処刑の対象となっていました。

『チ。—地球の運動について—』は、15世紀のヨーロッパで、命すら顧みず地動説を唱える人々の、真理にたどり着こうとする情熱を描いた漫画作品です。2020年から『ビッグコミックスピリッツ』で連載され、昨年（2022年）4月に完結しました。昨年の「このマンガがすごい！オトコ編」でも2位に輝くなど、話題を集めた人気作品です。

❷ ✕

解説

サッカーに、ゴールキーパーが得点することを禁止するルールはありません。

実際、元ブラジル代表ゴールキーパーのロジェリオ・セニは、フリーキックなどで通算131ゴールを記録し、ゴールキーパーとして歴代最多の得点数を誇っています。日本のJリーグでも、過去にゴールキーパーが得点を決めたことが9回あります。近年では、2018年に行われた清水エスパルス対ヴィッセル神戸の試合で、清水（当時）のゴールキーパー・六反勇治がヘディングで得点を決めました。

次のフィギュアスケートの種目のうち、
1回転半以上のジャンプが禁止されているのは？

❶ ペア
❷ アイスダンス

ジョン・ケージが作曲した楽曲
『4分33秒』の特徴は？

❶ 大砲を使用する
❷ 楽器を壊す
❸ 一切演奏しない

❷ アイスダンス

解説

フィギュアスケートの種目のうち、「ペア」と「アイスダンス」は、共に男女2人1組で演技を行います。2つの種目の違いは様々ありますが、最も大きな違いはジャンプの規定です。アイスダンスでは、シングル（1回転）以外のジャンプは禁止されています。一方ペアでは、男性が女性のジャンプを補助するスロージャンプなど、アクロバティックな演技が繰り広げられます。

北京オリンピック2022大会の日本代表として、ペアでは三浦璃来・木原龍一組、アイスダンスでは小松原美里・小松原尊組が出場。フィギュアスケート団体では、日本初の銅メダルに貢献しました。

❸ 一切演奏しない

解説

『4分33秒』は、公演中に演奏者が一切演奏をしないことが特徴の楽曲です。楽譜には休止の指示のみが記され、4分33秒間に生じる会場内の雑音自体を音楽として鑑賞します。

作曲者のジョン・ケージは根源的な音楽のあり方を問い直す目的でこの曲を発表し、現在に至る音楽史に大きな影響を与えました。

バレエ音楽の『火の鳥』『ペトルーシュカ』
『春の祭典』を作曲したのは？

❶ チャイコフスキー
❷ プロコフィエフ
❸ ストラヴィンスキー

近松門左衛門の『国性爺合戦（こくせんやかっせん）』や
『曽根崎心中（そねざきしんじゅう）』といえば、
どんな芸能の演目？

❶ 浄瑠璃
❷ 狂言
❸ 能

❸ ストラヴィンスキー

解説

ストラヴィンスキーはロシアのバレエ音楽の巨匠です。特に『火の鳥』『ペトルーシュカ』『春の祭典』の3曲は「ストラヴィンスキーの三大バレエ」と呼ばれ、大きな人気を博しました。

ロシアのバレエ音楽ではもう一人、チャイコフスキーという作曲家がよく知られています。『眠れる森の美女』『白鳥の湖』『くるみ割り人形』などのメジャーな作品を手掛け、この3曲は「チャイコフスキーの三大バレエ」として後世まで演奏され続けています。

❶ 浄瑠璃

解説

近松門左衛門は、江戸時代に活躍した人形浄瑠璃の脚本家です。語りを担当した竹本義太夫とのコンビで、大坂で人気を博しました。

『国性爺合戦』は、明に仕えた忠臣・鄭成功(てい・せいこう)が明を復興するために尽力する姿を描いた作品です。

『曽根崎心中』は、大坂で実際に起こった心中事件を題材にした作品です。『曽根崎心中』のような、町人社会や世相を描いた作品を世話物といいます。

『復活の日』や『日本沈没』などを著した
SF作家は？

❶ 星新一
❷ 筒井康隆
❸ 小松左京

科学者・アインシュタインが
演奏を得意としていた楽器は？

❶ オルガン
❷ ヴァイオリン
❸ トランペット

正解187

❸ 小松左京

解説

小松左京は星新一、筒井康隆と共に「SF御三家」と数えられるSF作家です。

未知のウイルスによるパンデミックを描いた『復活の日』や、上下巻合わせて460万部以上を売り上げた『日本沈没』などの代表作があります。

正解188

❷ ヴァイオリン

解説

「相対性理論」の提唱で知られる天才科学者・アインシュタインは、「音楽の演奏がない人生など想像を絶する」という言葉を残すほどの音楽好きでした。特に幼少期に始めたヴァイオリンを愛し、仲の悪かった工科学校のクラスメイトも、彼が弾くモーツァルトのソナタには思わず聴き入ってしまったといいます。

親日家でもあったアインシュタインはヴァイオリニスト・鈴木鎮一（しんいち）と親交を持ち、鈴木の父・政吉が製作したヴァイオリンの素晴らしさを綴った手紙も残しています。

 芸術・文学　　　　　問題189　　　　

ピアノ曲集『子供の領分』や、
『月の光』などで知られるフランスの作曲家は？

❶ ドビュッシー
❷ ストラヴィンスキー
❸ エルガー

 芸術・文学　　　　　問題190　　　　

次のうち、
1番高い歌声を出すパートはどれ？

❶ バス
❷ テノール
❸ バリトン

191

------------→ **正解189**

❶ ドビュッシー

解説

クロード・ドビュッシーは、不協和音による幻想的表現を大成した作曲家です。

『ベルガマスク組曲』第3曲である『月の光』は、従来の音楽理論にとらわれないことで生まれた、情調にあふれる一曲です。

他にも、ピアノ曲『亜麻色の髪の乙女』やオペラ『ペレアスとメリザンド』、管弦楽『牧神の午後への前奏曲』といった聴き心地の良い作品を残しました。

------------→ **正解190**

❷ テノール

解説

オペラなどで、男性の声域は主に高い順からテノール(テナー)、バリトン、バスに分けられます。

ルチアーノ・パヴァロッティ、プラシド・ドミンゴ、ホセ・カレーラスの「三大テノール」は世界的に有名。最近では、イタリアの歌手トリオであるイル・ヴォーロも人気です。

ちなみに、女性の声域は高い順にソプラノ、メゾソプラノ、アルトに分けられます。アルトに当たる声域を出せる男性は「カウンターテナー」と呼ばれます。

ヘルマン・ヘッセの小説『車輪の下』のあらすじは？

❶ 青年兵が戦場の
残酷さを味わい戦死する

❷ 凶悪殺人犯が
老婆に出会い改心する

❸ エリート少年が精神的に
押しつぶされていく

オーギュスト・ルノワールやクロード・モネなど
印象派の画家の作品を多く所蔵し、
「印象派の殿堂」と称される美術館は？

❶ プラド美術館

❷ オルセー美術館

❸ ロンドン・ナショナル・ギャラリー

正解191

❸ エリート少年が精神的に 押しつぶされていく

解説

『車輪の下』は、ドイツの作家ヘルマン・ヘッセの自伝的小説です。タイトルは、社会や教育制度に押しつぶされる少年の姿を比喩的に表現しています。主人公の少年ハンス・ギーベンラートは、周囲の期待を一身に受け、苦しい勉学の末に名門神学校に入学。しかし規則ずくめな神学校での生活になじめず次第に疲弊し、落ちこぼれていきます。

最後にはあまりにも救いのない暗い結末が待っています。気になる方はぜひ本編を。

正解192

❷ オルセー美術館

解説

フランス・パリのオルセー美術館は、1900年のパリ万博の際に建てられた駅を改装して、1986年に開館しました。

オーギュスト・ルノワールの『ムーラン・ド・ラ・ギャレット』やクロード・モネの『睡蓮の池』など、印象派を代表する画家の作品が多く所蔵されています。

なお、「印象派」というグループ名の由来となったクロード・モネの絵画『印象・日の出』は、オルセー美術館ではなくマルモッタン美術館(パリ)に所蔵されています。

谷崎潤一郎や永井荷風に代表される、
美を芸術の至上とする文学の一派は？

❶ 新思潮派
❷ 白樺派
❸ 耽美派

芥川龍之介が生前好んで描き、彼の命日の
通称「〇〇忌」にも名前が使われているものは？

❶ 歯車
❷ 河童
❸ 桜桃

❸ 耽美派

解説

真実や道徳よりも、美に最高の価値があると捉えた文学の一派を耽美派（たんび。唯美派とも）といいます。19世紀後半にフランス・イギリスで始まり、日本では大正時代を中心に広がりました。

白樺派は、志賀直哉や武者小路実篤に代表される、人道主義・理想主義を唱えた作家たちのことです。また新思潮派は、現実を理知的に捉えようとした、芥川龍之介や菊池寛らのことをいいます。

❷ 河童

解説

文豪・芥川龍之介の命日は「河童忌（かっぱき）」と呼ばれています。生前好んで絵を描いたことや、著作の『河童』がその名の由来とされます。

忌日の名前にはなっていませんが、芥川は最晩年に『歯車』という作品も残しています。「桜桃忌」は太宰治の忌日の通称です。

日本人では磯崎新ら8人が受賞している、
「建築界のノーベル賞」とも呼ばれる賞は？

❶ ピューリッツァー賞
❷ フィールズ賞
❸ プリツカー賞

酒好きの魚屋が大金を拾ったことをきっかけに
改心するというあらすじの、古典落語の名演目は？

❶ 千早振る
❷ 芝浜
❸ 粗忽長屋

❸ プリツカー賞

解説

正解は「プリツカー賞」です。

プリツカー賞はこれまでに日本人が8人受賞しており、これはアメリカと並んで国別最多となっています。

「建築」は身近すぎて意識していない人も多いかもしれませんが、デザインと機能の両立がみられる芸術作品ともとらえられます。少し知識をつけてみると、普段の街並みも美術館のように感じられるかもしれませんよ。

❷ 芝浜

解説

題名の「芝浜」は、魚屋が大金を拾った地名のことです。

一生遊んで暮らせると思い大酒を飲んだ魚屋は、翌朝になって女房に「財布などない、夢だ」と教えられます。これを機に魚屋は真面目に働くようになり……というストーリーです。オチはぜひ自分で調べてみてください。

幕末〜明治期の落語家・三遊亭圓朝（さんゆうてい・えんちょう）が「酔っぱらい・芝浜・革財布」の3つのお題から即興で作った、いわゆる三題噺が原作となっています。

「みんなちがって、みんないい。」
という一節が有名な詩は？

❶『汚れつちまつた悲しみに……』
❷『朝のリレー』
❸『私と小鳥と鈴と』

梁山泊に立てこもる108人の豪傑を主題とした、
「中国四大奇書」のひとつは？

❶『金瓶梅』
❷『水滸伝』
❸『西遊記』

「テコンドー」や「シルム」といえば、
どこの国の伝統格闘技？

❶ タイ
❷ 韓国
❸ インド

正解197

❸『私と小鳥と鈴と』

解説

『私と小鳥と鈴と』は、「私」「小鳥」「鈴」の三者を例に挙げ、一人一人が個性を持つことの素晴らしさを綴った詩です。

作者は、山口県出身の童謡詩人である金子みすゞ。テレビCMで有名になった『こだまでしょうか』の作者としても有名です。選択肢の『朝のリレー』は谷川俊太郎、『汚れつちまつた悲しみに……』は中原中也の詩です。

正解198

❷『水滸伝』

解説

「中国四大奇書」とは、一般に『水滸伝(すいこでん)』『三国志演義(さんごくしえんぎ)』『西遊記(さいゆうき)』『金瓶梅(きんぺいばい)』の4つの長編小説のことです。

『水滸伝』は政治が乱れた北宋の時代を舞台に、宋江(そうこう)を首領とする108人の豪傑が、悪政に立ち向かう物語です。

江戸時代の日本でも広く読まれ、滝沢馬琴の『南総里見八犬伝』は『水滸伝』の影響を強く受けています。

正解199

❷ 韓国

解説

テコンドーは蹴り技を主体とした格闘技で、韓国の国技です。2000年からはオリンピックの正式競技にも選ばれています。

シルムは5世紀頃から朝鮮半島で行われている格闘技で、日本では「韓国相撲」とも呼ばれています。2018年には韓国・北朝鮮合同でユネスコの無形文化遺産に登録されました。

香道の世界では、香りを楽しむことを
「嗅ぐ」ではなく何と表現する？

❶ 聞く
❷ 見る
❸ 触れる

日本の国宝である『桃鳩図（ももはとず）』を
描いたのはどんな人？

❶ 中国の皇帝
❷ インドの将軍
❸ ローマの政治家

尾形光琳の絵画『燕子花（かきつばた）図屏風』の
題材になっている、平安時代の歌物語は？

❶ 伊勢物語
❷ 大和物語
❸ 平中物語

正解200

❶ 聞く

解説

香道とは、香木をたいて、その香りを鑑賞する芸道です。茶道や華道とともに、室町時代の京都で発展しました。そんな香道の世界では、香りを鑑賞する際に「香りを聞く」という独特の表現が用いられます。このような表現には、単に嗅ぐのとは異なり、心を傾けて香りを味わうという意味合いが込められています。また、香道の世界で特に有名なのが、「沈香(じんこう)」と呼ばれる香木です。沈香は土に埋もれた木の樹脂が長い年月を経て染み出すことで生まれるため、古くから非常に珍重されてきました。このような「貴重な香木を敬う」という香道の基本理念が、「聞く」という表現にも表れているのです。

正解201

❶ 中国の皇帝

解説

『桃鳩図』は北宋の皇帝・徽宗(きそう)が描いたものと伝わっています。徽宗は遊興にふけり重税を課したり、珍しい木や石を集めるために人民をはたらかせたりと、皇帝としてはあまり優秀ではなかったようです。しかし芸術の振興には熱心で、宣和(せんな)時代と呼ばれる文化史の一時代を作り、自らも詩文や書画に才能を発揮しました。中国皇帝の自筆による絵がどのような経路で日本に来たのか詳しくはわかっていませんが、北宋が異民族王朝の金に攻撃された際に持ち出され、さらに金がモンゴルに滅ぼされた後、貿易により日本に渡ってきたと考えられています。足利義満が所有していたことを示す印が押されているため、室町時代初期にはすでに日本にあったようです。

正解202

❶ 伊勢物語

解説

『燕子花図屏風』は、『伊勢物語』の第九段「東下り」を題材にしたとされています。この段の舞台は、三河国(現在の愛知県東部)にある燕子花の名所・八橋(やつはし)で、燕子花の花を詠み込んだ次の有名な短歌が収められています。
から衣きつつなれにしつましあればはるばる来ぬるたびをしぞ思ふ
この短歌を5・7・5・7・7に分け、それぞれの句の頭文字をとると「かきつはた」になります。余談ですが、このように各句の1文字目をつなげると意味が通るようにして、あるものを詠みこむ技法を「折句」といいます。尾形光琳は蒔絵の代表作『八橋蒔絵螺鈿硯箱』でも同じ場面を題材にとり、燕子花をあしらっています。

「模型千円札」の製作は裁判沙汰に発展した、
名エッセイ『老人力』でも知られる芸術家は？

❶ 赤瀬川原平
❷ 村上隆
❸ 草間彌生

特徴的な線と四角形のパターンで構成される
「コンポジション」シリーズで注目を集めた画家は？

❶ ピート・モンドリアン
❷ アンディ・ウォーホル
❸ パブロ・ピカソ

日本語とドイツ語の二言語で作品を発表している、
近年ノーベル文学賞候補と目されている女流作家は？

❶ 多和田葉子
❷ 川上未映子
❸ 川上弘美

正解203

❶ 赤瀬川原平

解説

前衛芸術家の赤瀬川原平は、突飛なエピソードを多数持っていました。中でも有名なのは「千円札裁判」です。赤瀬川が作った作品としての模造品が、偽札として咎められてしまったのです。裁判は最高裁までもつれ、最終的に有罪判決を受けることになります。また、彼は文筆家としての顔も持っており、尾辻克彦名義で執筆した『父が消えた』で芥川賞を受賞しています。実はお兄さんの赤瀬川隼も直木賞を受賞しており、兄弟揃って文才があったことがわかります。ユニークな活動と総合的な芸術の素養を持つ彼の生き様は、多くの人に今なお親しまれています。

正解204

❶ ピート・モンドリアン

解説

19～20世紀の画家・モンドリアンはオランダで生まれ、アムステルダムで絵画技術を学びました。その後、パリで目撃したキュビスム運動を基に「新造形主義」を着想します。三原色と線で描かれる彼の作品群は、現代を象徴するアートとして広く受け入れられることになりました。『ブロードウェイ・ブギウギ』などは、皆さんもきっと資料集で見たことがあるのではないでしょうか。2022年に入り、モンドリアンは再度注目を集めました。彼の作品『ニューヨークシティⅠ』が、上下逆さまに展示されてきたことが判明したからです。損傷のおそれがあることから、当該作品は引き続き本来と逆の向きで展示されることに決まったそうです。

正解205

❶ 多和田葉子

解説

多和田葉子さんは早稲田大学文学部出身の小説家です。学部でロシア文学を学んだ後、ドイツ語の学習にも取り組み、現在は生活拠点をベルリンに置いています。絶妙な筆致で綴られる彼女の文章は、幻想と現実、日本語とドイツ語を行き来し、その自由さが多くの読者を魅了します。彼女の文章は海外でも高く評価されており、近著『献灯使』の英訳版がアメリカ有数の文学賞である「全米図書賞」の翻訳文学部門を受賞したり、日本人で初めてドイツの文学賞「クライスト賞」を受賞したりしています。村上春樹さんの受賞オッズで毎年盛り上がりを見せるノーベル文学賞ですが、多和田さんの今後の活躍からも目が離せません。

映画化もされた『マチネの終わりに』や
『ある男』などの代表作がある小説家は？

❶ 平野啓一郎
❷ 青山美智子
❸ 宇山佳佑

画家・レンブラントが50点以上もの作品を残しているのは、
何を描いた絵画？

❶ 自分の顔
❷ 妻の顔
❸ 娘の顔

『セビリアの理髪師』『ウィリアム・テル』などの
オペラ曲を作った、美食家としても知られる音楽家は？

❶ ロッシーニ
❷ ヴェルディ
❸ プッチーニ

正解206
❶ 平野啓一郎

解説

平野啓一郎さんは、芥川賞を受賞した『日蝕』でデビューした現代小説家です。その他にも、天才ギタリストとジャーナリストの恋愛模様を描く『マチネの終わりに』や、主人公の弁護士が「愛した夫が全くの別人だった」という奇妙な相談を受けるところから話が始まる『ある男』などの代表作があります。

青山美智子さんは『お探し物は図書室まで』などの代表作がある小説家で、2021年と2022年には本屋大賞で2位を獲得しています。宇山佳佑さんは、Netflixで映画化された『桜のような僕の恋人』などの代表作がある小説家です。

正解207
❶ 自分の顔

解説

レンブラントは17世紀に活躍したオランダの画家です。光と影の描写を得意とし、明暗の対比が印象的な『夜警』や『テュルプ博士の解剖学講義』などの作品を描きました。レンブラントは50以上もの自画像を、油彩画や版画、エッチングなど様々な技法を用いて残しています。彼は画業を通じて常に自己と向き合い、見たものを正確に描く徹底的な写実主義で、自分の顔を克明に描き続けました。人間の内面を忠実に投影する作風から、レンブラントには「魂の画家」や「人間愛の画家」といった異名も付けられました。

正解208
❶ ロッシーニ

解説

ジョアキーノ・ロッシーニは、19世紀前半におけるイタリアのオペラ界を代表する作曲家です。ロッシーニは音楽家の両親の教えを受け、幼いころから音楽の才能を発揮していました。音楽学校を卒業後すぐにオペラで成功を収め、オペラ作曲家として知られるように。『セビリアの理髪師』や『オテロ』など、音楽史に残る名作オペラを発表し、大作『ウィリアム・テル』を最後にオペラ界から引退しました。その後は『小荘厳ミサ曲』などの宗教曲や歌曲・ピアノ曲に取り組みながら、後半生を送りました。ロッシーニは美食家としても知られており、牛フィレ肉にフォアグラとトリュフを乗せた「ロッシーニ風」という贅沢な料理に名を残しています。

歌会で藤原定頼にからかわれたときに詠んだ「大江山」の歌が
小倉百人一首に選ばれている、平安中期の女流歌人は？

❶ 小式部内侍
❷ 和泉式部
❸ 大弐三位

国宝の絵巻物『鳥獣人物戯画』を
所蔵する京都のお寺は？

❶ 高山寺
❷ 建仁寺
❸ 東福寺

徳島県にある「大塚国際美術館」で
展示されている美術品の特徴は？

❶ 本物の作品ではない
❷ 全てモノクロである
❸ 毎日違う作品が展示される

正解209

❶ 小式部内侍

解説

小式部内侍(こしきぶのないし)は、平安中期の貴族・橘道貞(たちばなのみちさだ)と和泉式部の娘です。11世紀の初め頃、母とともに中宮彰子(一条天皇の皇后)に仕えていました。歌合の歌人に選ばれたときに、藤原定頼に「丹後にいる母に知恵を借りたのか」とからかわれ、即座に「大江山いく野の道の遠ければまだふみも見ず天の橋立」と当意即妙の歌を詠んで返したエピソードがよく知られています。彼女が詠んだとされる和歌は少なく、上記の歌が『小倉百人一首』に選ばれているほか、『後拾遺和歌集』などに数首残っているのみです。多くの貴公子に求愛され、のちに藤原公成と結婚して子を産みましたが、20代の若さで母・和泉式部より先にこの世を去りました。

正解210

❶ 高山寺

解説

『鳥獣人物戯画』は、平安時代後期から鎌倉時代前期につくられた絵巻物です。甲乙丙丁の4巻からなり、兎や蛙などが擬人化して描かれている甲巻が特に知られています。鳥羽僧正覚猷(とばそうじょうかくゆう)の筆であると伝わっていますが、確証はなく、各巻ごとに制作年代が異なっていると考えられています。『鳥獣人物戯画』は現在まで、京都市右京区の高山寺(こうざんじ)で所蔵されています。「古都京都の文化財」のひとつとして、世界遺産に登録されている由緒あるお寺です。日本で初めて茶がつくられた場所としても知られており、栄西がもたらしたというお茶の種子を植えた日本最古の茶園があります。

正解211

❶ 本物の作品ではない

解説

大塚国際美術館は、徳島県鳴門市にある美術館です。その最大の特徴は、展示品の全てがレプリカであること。古代から現代に至るまで、世界中の名画が原寸大の陶板で再現されています。入場料は一般当日券が3300円(2022年11月時点)とややお高めですが、世界中の美術館を巡ったかのような満足感を得られるとして大人気のスポットです。また、元来オリジナルの美術作品は周辺環境や災害によって徐々に劣化してしまいますが、陶器の板であれば2000年以上にわたって色や形を保存することができます。そのため、このような展示は文化財の記録・保全にも貢献しているといえるのです。

芸術や文学には、
多くの人々の生きざまや
考え方が詰まってる。だから、
知ることは他者を理解する
ことにつながると思うよ。

Part5

生活・言葉

最後は身近なトリビア。
難しいけれど、気楽に楽しんで！

「青春18きっぷ」は、18歳以上でも使うことができる。
〇か×か。

❶ 〇
❷ ×

「ブルワリー」といえば、
どのようなお酒を作る場所のこと？

❶ ウイスキー
❷ テキーラ
❸ ビール

正解212

❶ ○

解説

「青春18きっぷ」は、春・夏・冬の長期休暇の期間に合わせてJRが発行する乗り放題きっぷです。「18」とついてはいるものの年齢制限はなく、期間内であれば誰でも利用することができます。

青春18きっぷのお値段は、1日乗り放題の乗車券が5回セットで12050円。1回分に換算すると、およそ2400円です。長期休暇中は、童心に返って当てもなく旅へ出てみるのも楽しいかもしれません。

正解213

❸ ビール

解説

ブルワリーとは、主にビールの醸造所のことをいいます。英語の綴りはbreweryで、brewには「醸造する」や「ビール」のほか、「(茶やコーヒーを)淹れる」という意味もあります。

「ブルワリー」はビール以外の醸造所にも使える用語です。たとえば、日本酒の酒蔵は英語でsake breweryといいます。ただし、醸造酒でもワインの醸造所はワイナリー(winery)と呼ばれます。

「おもむろに」の
本来の意味はどちら？

❶ 即座に
❷ ゆっくりと

『ギネス世界記録』を創刊したのは
どんな会社？

❶ 地質の調査会社
❷ ビールの醸造会社
❸ 貨物の運送会社

❷ ゆっくりと

解説

「おもむろに」は、落ち着いて事を始めるさまを表す副詞です。漢字では「徐に」と書きます。文化庁の「国語に関する世論調査(平成26年度)」によると、「おもむろに」の意味を本来の意味である「ゆっくりと」と答えた人は44.5%でした。つまり、半数以上の人が異なった意味で解釈していたのです。

「おもむろにって何だっけ?」と思ったときは、「徐行の徐」であることを思い出してみてくださいね。

❷ ビールの醸造会社

解説

ギネスは、黒ビールで有名なイギリスの大手酒造メーカーです。

1955年、社員が狩猟のため鳥についての記録を調べた際、大して参考になるものがなかったという経験から『ギネス世界記録』が創刊されました。現在、『ギネス世界記録』はギネス社から独立した組織・ギネスワールドレコーズから発行されています。ギネスの黒ビールはスタウトと呼ばれ、焦げるまでローストした大麦を材料に使っています。ビールは短期熟成の「エール」と、長期熟成の「ラガー」に大きく分けられます。スタウトは基本的にエールビールで、麦本来の豊かなコクが特徴です。

次のうち、1gあたりの熱量（カロリー）が
最も大きいのは？

❶ 脂質
❷ タンパク質
❸ 糖質

「あごだし」といえば、
どんな魚介類から取れる出汁？

最近はラーメン
にもよく使われて
いるみたいだ

❶ ホタテ
❷ トビウオ
❸ タイ

❶ 脂質

解説

1gあたりの熱量(カロリー)は、糖質・タンパク質が約4kcal、脂質が約9kcalであり、このなかでは脂質が最も高カロリーです。多くの場合、食品の熱量は以下のように推定できます。

糖質の質量(g)×4(kcal/g)＋タンパク質の質量(g)×4(kcal/g)＋脂質の質量(g)×9(kcal/g)＋……

ちなみに、熱量換算によく用いられる4(kcal/g)・9(kcal/g)などの数字は、この値を導出した人物にちなんでアトウォーター係数と呼ばれます。

❷ トビウオ

解説

九州地方や日本海側の一部地域ではトビウオを「あご」と呼び、トビウオの出汁のことも「あごだし」と呼んでいます。脂肪分が少ないため、雑味が少ないのが特徴です。

また、日本各地にはあごだしの自動販売機が置かれています。皆さんも探してみては？

「天使の取り分」といえば、
何に関する言葉？

❶ パン
❷ ワイン
❸ チーズ

「ゆず」と「こしょう」のうち、
調味料の「ゆずこしょう」に入っていないのはどちら？

❶ ゆず
❷ こしょう

------------------> **正解218**

❷ ワイン

解説

ワインをはじめ樽で貯蔵するお酒は、貯蔵の途中で水分やアルコール分が蒸発して量が減っていきます。この減った分を「天使が持っていった」と捉えた表現が「天使の取り分」です。

ちなみに、フランスパンが焼きあがった直後に皮が割れて聞こえる「パチパチ」という音を、俗に「天使のささやき」などと言ったりします。

------------------> **正解219**

❷ こしょう

解説

ゆずこしょうは、ゆずの皮と唐辛子を主な原料として作られる九州地方特産の調味料です。

九州の一部で唐辛子のことを「こしょう」と呼んだため、この名があります。決して「こしょう(ペッパー)」が入っているわけではありません。

湯豆腐やうどん、焼き鳥などに添えると、絶妙な香りと辛みで料理をひきたてます。

『JJ』『ViVi』『CanCam』に代表される、
女子大生やOLなど、20代前半の女性を対象とした
ファッション雑誌を何という？

❶ 青文字系　　❷ 黒文字系
❸ 赤文字系　　❹ 緑文字系

「サンドウィッチ」の名前の
由来となったとされるのは？

❶ 牛の品種　　❷ 島の名前
❸ 宗教行事　　❹ 人名

❸ 赤文字系

解説

「赤文字系」という言葉は、『JJ』や『ViVi』といった雑誌の題名に赤色系統の文字が使われていたことに由来します。赤文字系の雑誌では、異性に好印象を与えることを意識したファッションが主に扱われています。

一方、『mini』などに代表される雑誌は「青文字系」と呼ばれます。青文字系の雑誌では、個性的なファッションが扱われています。

❹ 人名

解説

「サンドウィッチ」という名前は、18世紀イギリスの人物であるサンドウィッチ伯爵に由来するとされています。

サンドウィッチとはイングランド南東部にある小さな町で、そこを治めていた領主が代々「サンドウィッチ伯爵」と呼ばれていました。つまり「サンドウィッチ」と呼ばれた人物は複数人いますが、由来となったのは第4代の伯爵です。なぜサンドウィッチ伯爵の名前がついたのかには諸説あり、有名なものには「トランプ賭博に熱中していた伯爵が、カードを持ちながら片手で食べていたから」という説があります。

「狭い座席に長時間同じ姿勢で座っていると、
足の血管に血栓ができて
血管を詰まらせてしまう」という疾患を「何症候群」という？

❶ スタンダール症候群
❷ ギラン・バレー症候群
❸ エコノミークラス症候群

「エスニック料理」というときの
「エスニック」の意味は？

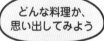

どんな料理か、
思い出してみよう

❶ 懐古風の
❷ 異国風の
❸ 民族風の

----------► **正解222**

❸ エコノミークラス症候群

解説

エコノミークラス症候群(ロングフライト血栓症)とは、食事や水分を十分に取らない状態で、狭い座席に長時間同じ体勢で座ることで起こる病気です。足に血栓ができた後、その血栓が肺の血管まで流れてしまい、呼吸困難などに陥ってしまいます。

飛行機の狭いエコノミークラスに長時間乗っていた人によく起こったことから、この名前がつけられました。たとえ広い座席であっても発生しうるため、災害時の車中泊などの際には注意が必要です。予防法としては、水分をこまめにとったり、眠るときに足を上げることなどがあります。

----------► **正解223**

❸ 民族風の

解説

英語の形容詞ethnic (エスニック)には「民族的な・民族風の」という意味があります。

「エスニック料理」は、特にスパイスの効いたタイやベトナムなどの料理を指すことが多いですが、「エスニック」という言葉自体に東南アジア諸国を指す用法はありません。

「猫バンバン」とは、
何を叩く取り組みのこと？

❶ こたつ
❷ 天井
❸ 車

アウディやポルシェなどの自動車メーカーを傘下に置く、
ドイツの自動車メーカーは？

❶ フォルクスワーゲン
❷ BMW
❸ メルセデス・ベンツ

► 正解224

❸ 車

解説

「猫バンバン」とは、運転前に車のボンネットを叩く取り組みです。

寒い時期になると、野良猫が暖を取ろうと車のエンジンルームやタイヤの隙間に潜り込んでしまうことがあります。猫がいることに気付かず発車してしまう悲劇を防ぐため、運転前にボンネットを叩いて猫がいないことを確認するのが「猫バンバン」という活動です。

とはいえ、もちろんボンネットを叩いても猫が出てきてくれないこともあります。ボンネットを開けて、目視で猫がいないことを確認できればなお良いですね。

► 正解225

❶ フォルクスワーゲン

解説

フォルクスワーゲン(Volkswagen)は、1937年にドイツ政府により設立されたヨーロッパ最大の自動車メーカーです。社名を略したVとWをあしらったロゴもおなじみでしょうか。2023年現在はアウディ・ポルシェ・ランボルギーニなどの高級車メーカーを傘下に収め、フォルクスワーゲングループを構成しています。実は2000年代、ポルシェがフォルクスワーゲンを買収しようと試みたことがありました。しかし、リーマンショックによりポルシェは経営危機に陥り、逆に2012年にフォルクスワーゲンの完全子会社となった経緯があります。選択肢のBMWやメルセデス・ベンツも、ドイツの自動車ブランドです。

要介護にはいたらないものの、年をとって
心身の機能が低下した状態を何という？

❶ フレイル
❷ フラジャイル
❸ フェータル

「いつまでたっても結論が出ない会議」を意味する、
神奈川県の地名を用いた言葉は何？

❶ 川崎評定　**❷ 小田原評定**
❸ 横浜評定　**❹ 平塚評定**

- - - - - - - - - - - - - - - - - - ▶ **正解226**

❶ フレイル

解説

「フレイル」とは日本老年医学会が提唱した概念で、高齢者の運動機能や認知機能が低下した状態を指します。

介護を必要とする前に、フレイルの状態にある人を早期に発見し適切な支援を行えば、生活の質の維持向上を見込めます。

- - - - - - - - - - - - - - - - - - ▶ **正解227**

❷ 小田原評定

解説

この言葉の由来は、戦国時代の1590年、天下統一を目指す豊臣秀吉が北条氏の本拠地・小田原城を包囲した時に遡ります。

この際、北条氏は小田原城内で会議を重ねて戦うか降伏するかを議論しますが、一向に結論が出ずに時間だけが過ぎていったことから、「いつまでたっても結論が出ない会議」のことを「小田原評定（おだわらひょうじょう）」というようになりました。

問題228

アマゾンやスターバックスの本社がある、
アメリカの都市は？

❶ サンノゼ
❷ デトロイト
❸ シアトル

 問題229

英語で、japanが
意味する工芸品は？

> 日本らしい
> 工芸品と
> いえば……？

❶ 漆器　　**❷ 鉄器**
❸ 陶磁器　**❹ ガラス**

→ 正解228

❸ シアトル

解説

シアトルは、アメリカ北西部のワシントン州にあります。アマゾンやマイクロソフトなどのIT企業や、スターバックスなどのコーヒーチェーン店の本社が位置しています。

サンノゼは、アメリカ南西部のカリフォルニア州にある都市です。半導体産業などハイテク産業が集中する「シリコンバレー」は、サンノゼなどの都市が中心となっています。デトロイトは、アメリカ中北部のミシガン州にあります。周辺にゼネラルモーターズなどの自動車会社の本社があることから、「自動車の街」と呼ばれています。

→ 正解229

❶ 漆器

解説

小文字でjapanと綴ると、漆や漆器といった意味になります。近世になり、日本製の漆器が西洋に大量に輸出されたことが語源とされます。

また、小文字でchinaと綴ると、磁器という意味になります。こちらも、中国製の陶磁器が大量に西洋に渡ったことが語源です。

健康食品などに配合される「ローヤルゼリー」は、
何から採れる物質？

❶ 羊の乳
❷ 蜂の巣
❸ 白樺の樹液

ラジオ番組などの「DJ」。
「D」はDiscの略、では「J」は何の略？

❶ Juggler（ジャグラー）
❷ Jockey（ジョッキー）
❸ Judge（ジャッジ）

━━━━━━━━━━━━━━▶ **正解230**

❷ 蜂の巣

解説

美容や健康食品でおなじみの「ローヤルゼリー」は、ミツバチの巣のなかでも女王蜂がいる「王台」という部屋から採取されます。「王乳」とも呼ばれることもあるように、乳白色のクリーム状であり、女王蜂の主食となっています。

ローヤルゼリーは、働き蜂が花蜜や花粉をもとに合成・分泌したもので、ハチミツとは別物です。栄養価が高く、1日に1000以上の卵を産む女王蜂の栄養を支えています。

━━━━━━━━━━━━━━▶ **正解231**

❷ Jockey（ジョッキー）

解説

CDやレコードの選曲を担当する職業・DJは、Disc Jockeyという言葉を略したものです。「クラブやディスコで音楽をかける人」を指すイメージもありますが、ラジオなどで音楽を選びながらトークする人もDJと呼びます。

Jockeyは騎手のこと。さしずめ、馬を駆る騎手のように楽曲を操っているというところでしょうか。

次のうち、下ごしらえで「醤油洗い」をすると
おいしく食べられるのは？

❶ 肉じゃが
❷ ほうれん草のおひたし
❸ 松茸の炊き込みごはん

次のうち、「洗い流す」という
意味がある英単語は？

❶ リンス（rinse）
❷ シャンプー（shampoo）

❷ ほうれん草のおひたし

解説

醤油洗いとは、下茹でした水分の多い具材を、水気を一度絞ってから醤油を混ぜて再び絞ることです。特に和え物に使う野菜などにほどこされます。

醤油洗いをすることで具材の味つけが水っぽくならず、味のしっかりした料理に仕上げることができます。

❶ リンス (rinse)

解説

英単語のrinseには、「シャンプー」と対になる名詞の「リンス」という意味のほかに、動詞として「すすぐ、洗う」といった意味があります。

rinse the shampoo out of one's hair や rinse off the shampoo で、「シャンプーを洗い落とす」という意味のフレーズになります。紛らわしいですね。

缶コーヒーに「無糖」と表示できるのは、
100mLあたりの糖の量が何g未満のとき？

❶ 0.1g未満
❷ 0.5g未満
❸ 1.0g未満

コンビニチェーンのセブン-イレブンは、
もともと何を売るお店だった？

実は、
アメリカ発祥の
チェーンなんだ

❶ 野菜
❷ 牛乳
❸ 氷

❷ 0.5g未満

解説

缶コーヒーなどの飲料において、100mLあたりの糖の量が0.5g未満の場合、「無糖」と表示できます。「無糖」という表示があっても、糖がまったく含まれていないとは限らないのですね。

ちなみに、100mLあたりの糖の量が2.5g未満の場合、「微糖」や「低糖」と表示できます。このようなルールは、食品表示法の「食品表示基準」で定められています。

❸ 氷

解説

おなじみのコンビニエンスストア・セブン-イレブンは、もともと1927年のアメリカで生まれた氷販売店でした。氷だけでなく食料品も欲しいという客の声に応えて品揃えを増やしていった結果、現在のようなコンビニエンスストアが生まれました。ちなみに「セブン-イレブン」という店名は、かつて毎日朝7時から夜11時まで営業していたことに由来しています。客のニーズに応え、品揃えのみならず営業時間をも充実させていったことが窺えるネーミングです。余談ですが、同じく大手コンビニチェーンであるローソンは、もともとは牛乳の販売店でした。店のロゴに牛乳瓶のマークがあしらわれているのは、こうしたルーツがあるためです。

「最もカロリーが低い」としてギネス世界記録に
認定されている野菜は？

❶ きゅうり
❷ もやし
❸ ごぼう

ふつう、
麦茶に使われる麦はどちら？

❶ 大麦
❷ 小麦

値段が非常に安いことをいう「二束三文」は、
もともと何の値段をいった言葉？

❶ 箸　　**❷ たわし**
❸ 草履　**❹ 提灯**

正解236

❶ きゅうり

解説

きゅうりは「Least calorific fruit(最もカロリーが低い果実)」としてギネス世界記録に登録されています。可食部100gあたり14キロカロリーと、確かにカロリーは少ないですが、カリウム・ビタミンC・食物繊維といった栄養素が含まれているため、決して「栄養価が低い野菜」というわけではありません。

海外や植物学の分野では、きゅうりは「果実」に分類されることが多いため、ギネス世界記録でも「フルーツ」という表現がされています。

正解237

❶ 大麦

解説

大麦は穂の形によって分類され、穂が6列実る「六条種」や2列実る「二条種」などの種類があります。実がたくさん付く六条種は、麦茶によく使われます。一方、粒が大きく均一な二条種はビールの原料として一般的です。

ちなみに小麦と大麦の大きな違いは、グルテンという成分の含有量です。グルテンは粘り気と弾力性を持つタンパク質で、これが豊富に含まれる小麦はパンや麺類の原料になります。一方の大麦はグルテンをほとんど含まないため、そういった用途には向かないとされます。

正解238

❸ 草履

解説

「二束三文」は、江戸時代の草履の値段に由来する言葉です。

金剛草履という大きくて丈夫な草履が2束で3文という非常に安い値段で売られていたことから、ものがひどく安く売られていることをいうようになりました。

ビルなどでよく目にする「定礎」。
元々の意味は「何を定める」こと？

❶ 礎門
❷ 礎石
❸ 礎柱

アパレルブランド「H&M」や
音楽配信サービス「Spotify」の本社がある国は？

❶ ノルウェー
❷ スウェーデン
❸ フィンランド

「10%割引」と「10%還元」。
より割引率が高いのは？

❶ 10%割引
❷ 10%還元

正解239

❷ 礎石

解説

定礎とは、柱が地面に触れて腐るのを防ぐなどの目的で、柱の下に置かれる礎石(そせき)の位置を定めることを指します。土台となる石の位置を定める、ということから、「工事に取りかかること」を意味する言葉でもあります。

建物の入り口で見かける「定礎」のプレートは、竣工(しゅんこう:工事が完了すること)を記念する意味合いが強く、その内部には建物の図面や工事関係者の名簿が納められていることが多いようです。

正解240

❷ スウェーデン

解説

アパレルブランド「H&M」と音楽配信サービス「Spotify」の本社は、ともにスウェーデンの首都・ストックホルムにあります。

青と黄色のロゴでお馴染みの家具メーカー「IKEA」も、ストックホルムに本社を置く企業です。

正解241

❶ 10%割引

解説

割引率の観点では、10%割引の方がお得になります。10%割引の方がどのくらいお得なのかを比較するために、「10%還元」の割引率を計算してみましょう。 10%還元では、1000円の買い物をしたときに、100円分のポイントなどが付与されます。つまり、実質1100円分の商品を購入でき、1100円の商品を1000円で買った(すなわち1100円の100円割引)とみなすことができるので、

100円÷1100円×100=9.0909……(%)

となり、約9.1%の割引率となるのです。 10%割引の方が、10%還元よりも0.9ポイントほど割引率が高くなります。

妹ブランドの「MiuMiu」も
人気のファッションブランドは？

❶ エルメス
❷ プラダ
❸ ヴェルサーチ

「ユマニチュード」や「コグニサイズ」といった
ケア方法が知られるのは？

❶ がん
❷ 認知症
❸ 拒食症

「エンジェル係数」とは、
家計支出に占める何の割合のこと？

❶ 住居費
❷ 食費
❸ 子育て費用

正解242
❷ プラダ

解説

プラダ (PRADA) は1913年にミラノで創業したファッションブランドです。当初は革製品を中心に扱っており、その高い品質からイタリア王室の御用達に選ばれました。創業者の孫ミウッチャ・プラダが作り出した「MiuMiu (ミュウミュウ)」などの派生ブランドも存在し、現在は様々な層に向けたアイテムを販売しています。アン・ハサウェイ主演の映画『プラダを着た悪魔』で名前を知ったという方も多いのではないでしょうか？ プラダはファッションだけでなく、ヨット事業にも力を入れています。セーリングの世界大会であるアメリカズ・カップにおいてはスポンサーを務めており、その予選は「プラダ・カップ」と名付けられています。

正解243
❷ 認知症

解説

ユマニチュードとは、フランス発祥の認知症に対するケアの方法です。「見る」「話す」「触れる」「立つ」という4つの動作を軸に働きかけ、患者の人間らしさを尊重することが求められます。コグニサイズは、計算問題などのトレーニングと体の運動を組み合わせた認知症予防のための取り組みです。

2025年には国内の認知症患者が700万人を上回ると推計されており、認知症の前段階である軽度認知障害 (MCI) の増加も予想されます。こうしたケア方法にまつわるワードを耳にする機会も多くなりそうです。

正解244
❸ 子育て費用

解説

エンジェル係数は、家計の消費支出に占める子育て費用の割合のことです。「家計の消費支出に占める食費の割合」を指す「エンゲル係数」になぞらえて、野村證券が造語しました。

家計調査については、エンゲルの法則とシュワーベの法則という2つの経験的な法則が有名です。エンゲルの法則は「所得水準が高いほど、家計の消費支出に占める食費の割合は低くなる」という法則です。シュワーベの法則は「所得水準が高いほど、家計の消費支出に占める住居費の割合は低くなる」という法則です。

「不良品」という
意味をもつ英単語は？

❶ apple
❷ grape
❸ lemon

「お中元」は、
もともとどんな宗教の行事？

❶ 神道
❷ 儒教
❸ 道教

次のうち、
「P」の意味が他と異なるのはどれ？

❶ VPN
❷ HTTP
❸ IPアドレス

正解245

❸ lemon

解説

lemonは俗に「欠陥品」や「つまらない人」を指す単語で、あまりいい意味では使われません。逆のスラングとして、peach(桃)が「素晴らしい品」などの意味で用いられます。

欠陥品が横行してしまっている市場のことを、経済用語で「レモン市場」と呼びます。また、アメリカでは「欠陥車買主保護法」のことをlemon lawといいます。意外にフォーマルな場にも浸透している表現のようですね。

正解246

❸ 道教

解説

中元はもともと旧暦7月15日を指し、元々は中国の信仰・道教で神の誕生日を祝う日でした。

のちに仏教文化と混ざり合い、仏前に物を供える文化になり、現在ではさらに変化してお世話になった人に贈り物をする風習も加わりました。

正解247

❶ VPN

解説

「HTTP」はHypertext Transfer Protocol、IPアドレスの「IP」はInternet Protocolの略です。Protocolは「通信規約」を意味する単語です。「HTTP」は、Webのサービスやコンテンツを提供するWebサーバと、我々がそれらを閲覧・編集するWebブラウザとの間の通信規則です。URLの先頭にある「http」は「HTTPに則って通信している」ことを意味します。「IPアドレス」は、PCやスマホなどの機器に割り当てられるインターネット上のアドレスです。0～255の数字の4組から成り、データの送信元・受信先の識別に利用されます。正解の「VPN」は、Virtual Private Networkの略です。VPNはインターネット上に仮想的に設けられる、暗号化された専用線のこと。たとえばフリーWi-Fiのような公衆のネットワークや、学校や企業などアクセスが制限されたネットワークに遠隔地からアクセスするときなどに、第三者による干渉を防ぐ役割があります。

慣用句の「おっとり刀」の
意味として正しいものは？

❶ ゆっくり来る
❷ 急いで来る

「彼の発言は、皆の失笑を買った」。
どんな状況？

❶ 笑いも出ないくらいあきれた
❷ 思わず噴き出して笑ってしまった

「ANN」と略される、
ニッポン放送制作の長寿ラジオ番組は？

❶ オールナイトニッポン
❷ エースネクストニッポン
❸ アフターナインニッポン

正解248

❷ 急いで来る

解説

「おっとり刀」は刀を腰にさす暇もなく、手に持ったまま駆けつけるさまを指す言葉で、現代では急いで駆けつけることの形容に用いられます。

なお、漢字で書くと「押っ取り刀」。この「押っ」は「おったまげる」などに見られる、強調を意味する「押す」です。

正解249

❷ 思わず噴き出して笑ってしまった

解説

「失笑」とは、本来「おかしさに耐え切れず、噴き出してしまうこと」を意味する言葉です。

失笑の「失」には、「中に抑えこむべきものを、抑え切れずに外に出してしまう」という意味があります。これは「失言」や「失火」でも同じ意味で使われています。

一方で、現代ではしばしば「笑いを失う」様子だと受け取られ、「あきれること」や「さげすみ笑うこと」という本来とは異なる意味でも使用されています。

正解250

❶ オールナイトニッポン

解説

「ANN」こと「オールナイトニッポン」はニッポン放送のラジオ番組です。1967年に放送を開始した長寿番組で、テーマ曲『Bittersweet Samba』も有名です。

現在は毎週月～土曜の深夜25～27時に放送されています。曜日ごとにタレントやお笑い芸人、アーティストがパーソナリティを担当します。

故事成語「朝三暮四」のもとになった
エピソードに登場する動物は？

❶ ブタ
❷ サル
❸ シカ

英語圏で「マグレブ」とも
呼ばれる乗り物は？

❶ リニアモーターカー
❷ 人力車
❸ 高速バス

次のうち、
「とき」と読む漢字はどれ？

❶ 春
❷ 夏
❸ 秋

正解251

❷ サル

解説

「朝三暮四」は、「目先の違いにとらわれ、実際は同じであることに気付かない」という意味の言葉です。

この故事成語は、かつて中国の宋にいた狙公(そこう)というサル好きの男と、彼が飼っていたサルたちのやりとりから生まれました。彼はサルたちの餌代を節約するため、まずは猿たちに餌であるトチの実を「朝は3つ、夕方に4つにしよう」と提案します。しかし猿が反発したので、「朝は4つ、夕方は3つにしよう」というと、猿はみな喜んだといいます。

正解252

❶ リニアモーターカー

解説

「リニアモーターカー」は実は和製英語で、英語圏では「磁気浮遊」を意味するmagnetic levitationを略して「マグレブ」などと呼ばれます。

日本では現在「リニア中央新幹線」の建設計画が進んでいます。2027年に東京・名古屋間が開通、2037年には大阪まで延伸し、東京〜大阪が最短67分で結ばれる見込みです。

正解253

❸ 秋

解説

「秋」という漢字には「とき」という読み方があります。これは秋が穀物の収穫の時期であり、人々にとって一年で最も大切な時期であったことに由来します。

この意味で「秋」が使われている言葉に、故事成語の「危急存亡の秋(とき)」があります。これは「危険が迫っており、生き残るか滅びてしまうかの重大な分かれ道」という意味で、『三国志』において諸葛亮が主君・劉禅に送った手紙の中で、自国「蜀」の状況を表現する言葉として用いられています。また「秋」を使った難読熟語の例としては、植物の「秋桜(コスモス)」なども挙げられます。

やかましく騒ぐことを意味する「あめいせんそう」を
漢字で書いたとき、出てくる2つの生き物は？

❶ カエルとセミ
❷ カラスとハエ
❸ ネコとハト

「いろはうた」のように、ある言語の文字を
すべて使って作られた文章のことを何という？

❶ リポグラム
❷ パングラム
❸ アナグラム

コップに熱湯とコーヒー粉末を入れてさっと混ぜ、
すぐにコップを叩き続けると音はどうなっていく？

❶ 高くなっていく
❷ 低くなっていく

正解254

❶ カエルとセミ

解説

「蛙鳴蝉噪」は「カエルが鳴き、セミがさわぐ」と書く通り、ガヤガヤとやかましく騒ぐことを意味する四字熟語です。また、転じて内容がない文章や議論を嘲る際に用いられることもあります。蛙は「かえる」のほかに「ア」と読むことがあり、蛙鳴蝉噪のほかにも「井蛙(セイア)」のような言葉に使われます。井蛙は「井の中の蛙、大海を知らず」と同じ意味で、「見識が狭いこと、見識が狭い人」といった意味があります。

「蝉」を「セン」と読むほかの熟語には「蝉蛻(センゼイ:俗事から超越すること)」や「残蝉(ザンセン:秋になっても残っている蝉のこと)」などがあります。

正解255

❷ パングラム

解説

ある言語で用いられる文字をすべて用いて作られた短めの文章をパングラムといいます。日本語では「いろはにほへと」で始まる「いろはうた」が代表例です。英語ではThe quick brown fox jumps over the lazy dog.(素早い茶色の狐がノロマな犬を飛び越える)などがあります。

ちなみに選択肢の「リポグラム」は、特定の文字を一切使わないという制約で書かれた文章のことです。作中でEを一切使わないアーネスト・ヴィンセント・ライトの小説『ギャズビー』が代表例です。また、アナグラムはある言葉を並び替えて、別の言葉を作る言葉遊びのことです。

正解256

❶ 高くなっていく

解説

「ホットチョコレート効果」と呼ばれる現象です。場合によっては叩き始めてから3オクターブも音が高くなることがあります。

コーヒー粉末を混ぜた直後は、熱湯の中に気泡が多く混ざっています。そのため、音が伝わる速度が遅くなり、コップを叩くと低い音が鳴ります。その後もコップを叩き続けると、徐々に気泡が抜けていき、音は高くなります。この現象が発生するために重要なのは気泡であるため、例えば蛇口から出たばかりで気泡を多く含んだお湯を用いれば、粉末を混ぜなくてもこの現象が発生します。

「割愛」という言葉の本来の意味は、
次のうちどちら？

❶ 惜しいと思うものを手放す
❷ いらないものを切り捨てる

沖縄料理の「にんじんシリシリ」。
この「シリシリ」とはどんな意味？

❶ すりおろす
❷ 熱い
❸ にんじん

次の英単語のうち、
「新しい言葉をつくる」という意味があるのは？

❶ coin
❷ money
❸ pay

正解257

❶ 惜しいと思うものを手放す

解説

「割愛」は、「重要ポイントですが、時間の都合で割愛します」のように、思い切って惜しいと思うものを手放すことをいう二字熟語です。もともとは仏教の用語であり、「人や物事に対する愛着の気持ちをなくす」ことを意味していました。

文化庁の調査によれば、本来の意味ではなく「いらないものを切り捨てて省略する」という意味で用いられることが多くなっているそうです。ちなみに、養蚕の世界での「割愛」は交尾している蚕を人間の手で離すことを言い、文字通り愛を割く行為を表す熟語となっています。

正解258

❶ すりおろす

解説

にんじんシリシリは、すりおろした人参を炒めて卵でとじた料理で、沖縄の一般的な家庭料理として知られています。炒めることで人参の甘みを出し、卵でとじることで臭みを抑えているため、子供でも食べやすい味になっているのが魅力です。

「しりしり」とは、沖縄の方言で「すりおろす動作」やその際の「すりすり」という音を指す言葉です。人参以外にも、大根やパパイヤを用いたシリシリがよく食べられています。また沖縄には「シリシリ器」と呼ばれる野菜をすりおろすための道具も存在し、一般家庭でも広く用いられています。

正解259

❶ coin

解説

英単語coinには「硬貨」という意味の他に、動詞として「硬貨を鋳造する」という意味から転じた「新語をつくる」という意味もあります。coinの語源は、ラテン語で「くさび」という意味の言葉です。刻印をするための金型がくさびの形をしていたことが由来で、ここから現在の「硬貨」を指すようになっていったと考えられています。

お金に関する意外な意味をもつ英単語には他にmintがあります。mintは「ハッカ」という意味で使われることが多いですが、「造幣局」を指す際にも使われます。

簡易トイレの「おまる」を
漢字で書いた時に出てくる動物は？

❶ 虎
❷ 兎
❸ 牛

「はなむけの言葉」を送る相手として
正しいのはどちら？

❶ これから去っていく人
❷ 新たにやってきた人

「衣にゴマをつけた揚げ物」「両端が細くなっている杉の箸」
から連想される文化人は？

❶ 千利休
❷ 松尾芭蕉
❸ 福沢諭吉

正解260

❶ 虎

解説

「おまる」は小さい子供や病気の方が用いる簡易的な便器のことで、漢字では「御虎子」と書きます。この字の由来は、その昔、小判のような形の浅い桶を「おまる」として使っていたころに遡ります。小判には「虎の子」という通称があり、この隠語から小さな便器のことを「虎子」と呼ぶようになったといわれています。

「虎」という字が当てられている言葉は意外とたくさんあります。漢方薬に使われる植物の「イタドリ」は漢字で「虎杖」と書きます。また、ゴツゴツした見た目が特徴である魚の「オコゼ」は、漢字で書くと「虎魚」となります。

正解261

❶ これから去っていく人

解説

「はなむけ」とは「人の旅立ちや門出を祝福して金品や詩歌、激励の言葉などを贈ること」を表します。近年は「新たにやってきた人を歓迎する」という文脈で使う人も多いようですが、本来の意味とは異なるものです。漢字表記が「花向け」と勘違いされることもありますが、正しくは「鼻向け」の意味です。かつて、旅に出る人の無事を祈って、その人が乗る馬の鼻を行き先の方角に向けたことが由来とされています。古典文学『土佐日記』の冒頭に「藤原のときざね、船路なれど、馬のはなむけす。」という一節がありますが、これは「船旅なので馬には乗らないけれども、送別の宴（はなむけ）をする」という洒落を効かせたものです。また、はなむけは漢字一文字で「餞」つまり「餞別（センベツ）のセン」と書きます。

正解262

❶ 千利休

解説

「衣にゴマをつけた揚げ物」は利休揚げ、「両端が細く削られている杉の箸」は利休箸と呼ばれます。利休揚げの由来は、千利休がゴマを好んだからとも、緑がかった灰色を意味する「利休色」がゴマの色に似ているからともいわれています。利休揚げの他にも、ゴマをまぶして焼いた「利休焼き」やゴマを加えて煮つけた「利休煮」など、ゴマを使った料理には名前に「利休」が付くものが多いようです。「利休箸」は千利休が用いたことから名が付いたとされています。千利休は客を招いた日に杉の箸材を小刀で削り、箸を一膳一膳手作りしていたそうです。利休箸は今でも懐石料理を食べる際などに使われています。

252

雑学やトリビアも、
会話のネタにしたりとけっこう
役立つぞ。知識や教養は
生きることを楽にして
くれるんだ。

おわりに

教養が必要な時代にクイズで挑む

本書に収められたクイズはどうでしたか？　難しく感じた人も多いかもしれません。

　でも、難しく思えてしまうこと、知らないことがあることに焦りを感じる必要はありません。私たちがこの世界について知っていることは、どんなに博識な人でもほんの少しにすぎません。まだまだ、この世界には知らないことがたくさんある、という謙虚な姿勢で日々の小さなインプットを積み重ねていくことが、社会が日々変化していくなかで、柔軟な考え方を養うために必要です。

　少し目を転じれば、そこには知らない世界が広がっていること。クイズは、「知らない世界」の広さを知るためにぴったりのエンターテイメントです。クイズを通じて自分の知識の及ばない世界を思い描き、そして気が向いたら、クイズを通して見知った世界に足を踏み出してみましょう。

STAFF

編集協力 ……………………… 佐藤 喬
デザイン・DTP …………… 前田利博（Super Big BOMBER INC.）
撮　影 ……………………… 黒沼 諭（aosora）
イラスト ……………………… 藤井昌子

QuizKnockの博識クイズ デラックス

2023年2月28日 第1刷発行

著　者　　QuizKnock
発行人　　蓮見清一
発行所　　株式会社宝島社
　　　　　〒102-8388　東京都千代田区一番町25番地
　　　　　電話　営業：03-3234-4621
　　　　　　　　編集：03-3239-0926
　　　　　URL　https://tkj.jp

印刷・製本　　公和印刷株式会社